Sur les traces des...

ESCLAVES

GALLIMARD JEUNESSE

À Patrice et à tous les siens,
en mémoire de tous ceux qui par le monde
connurent, et connaissent encore,
déportation, violence et humiliation
Marithé

ISBN 978-2-07-055871-1

Loi n° 49-956 du 16 juillet 1949 sur les publications destinées à la jeunesse.

1er dépôt légal : mai 2004 – Dépôt légal : décembre 2007 – N° d'édition : 157693
Photogravure : Mirascan
Imprimé par L.E.G.O. S.p.A.

Sur les traces des...

ESCLAVES

raconté par Marie-Thérèse Davidson
illustré par Christian Heinrich
pages documentaires par Thierry Aprile

GALLIMARD JEUNESSE

LA GAZETTE

Sur les traces des...

ESCLAVES

GUADELOUPE
DOMINIQUE
MER DES CARAÏBES
MARTINIQUE
Saint-Pierre
Fort-Royal (Fort-de-France)
SAINTE-LUCIE
SAINT-VINCENT
ÉTATS-UNIS
OCÉAN ATLANTIQUE
GOLFE DE CAMPECHE
CUBA
PORTO-RICO
JAMAÏQUE
SAINT-DOMINGUE
MER DES CARAÏBES
AMÉRIQUE DU SUD

La traite négrière

Entre le XVIe siècle et la fin du XIXe siècle, quelque 11 millions d'hommes, de femmes et d'enfants africains furent capturés, déportés, transportés par les bateaux des marchands européens et vendus comme esclaves à des propriétaires d'outre-Atlantique, principalement aux Antilles, aux États-Unis et au Brésil.

Capturés...

Enfin, Monzo se décida à s'asseoir, à l'ombre d'un **karité**. Mangala respira : cela faisait plusieurs heures qu'il suivait son grand frère à travers les herbes sèches en s'efforçant de rester invisible, et le soleil déjà haut commençait à le faire souffrir. À treize ans, il était presque aussi grand que Monzo, qui en avait dix-huit, mais il n'avait ni sa force ni sa résistance, et était content que cette course s'interrompe, au moins quelques instants.

Que s'était-il donc passé pour que son frère quitte ainsi la **concession**, sans prévenir personne, avant l'aurore ? La veille, Monzo était revenu furieux de chez son maître de chasse, qui avait décidé d'annuler la traque au lion prévue deux jours plus tôt.

– Tout cela à cause de ce maudit **féticheur** ! s'était exclamé le jeune homme. Cette expédition était trop dangereuse, nous a-t-il dit, selon les esprits interrogés. À croire qu'il ne consulte que des esprits aussi peureux que lui ! Je ne suis pas devenu chasseur pour me contenter de courir derrière des gazelles !

Karité : arbre d'Afrique, dont les graines renferment une espèce de « beurre » comestible.
Concession : ensemble d'habitations où vivent ensemble plusieurs frères, chacun avec ses femmes et ses enfants.
Féticheur : prêtre aux pouvoirs magiques, capable d'entrer en contact avec les esprits des morts et les forces divines, et même d'agir sur eux. On le consulte à chaque événement important.

Malheureusement, il avait tenu ce beau discours devant sa mère, Nyéli, qui l'avait grondé sans ménagement, en présence de ses nombreux frères et sœurs. Quelle humiliation ! Il est vrai qu'il avait **transgressé** une règle fondamentale : on ne contredisait jamais un féticheur ou un parent, un adulte en général ; on ne mettait même pas sa parole en doute. Et d'ordinaire, l'obéissance, même absolue, n'était pas trop lourde à supporter : les enfants de **Ségou** menaient une vie libre et joyeuse, **sans école** et sans guère d'obligations, tant qu'ils n'avaient pas l'âge de travailler.

Mais Monzo était le fils aîné de Ngolo, le **Fa**, et de Nyéli, sa première femme ; c'était de plus un beau jeune homme, bien bâti, au sourire charmeur. Pour toutes ces raisons, il était adoré de tous et ne se faisait jamais gronder : aussi n'avait-il pas supporté la réprimande de sa mère.

Voilà sans aucun doute pourquoi il était parti, vêtu seulement d'un pagne, comme il sied à un chasseur, paré de ses **amulettes**, armé de son arc et de ses flèches empoisonnées. Il avait en outre un petit sac, dont il tira une galette de **mil**. Mangala se rendit compte alors que son ventre aussi criait famine ! Que faire ?

Il avait beau adorer son aîné, en ce moment, il le haïssait presque. Il se mit à chercher du regard

Transgresser : désobéir à [une loi].
Ségou : ville du Mali actuel. Centre d'un puissant royaume au XVIIIe siècle.
Sans école : sauf les musulmans, qui doivent apprendre à lire et à écrire.
Fa : frère aîné, responsable de la concession.
Amulette : objet doté d'un pouvoir magique de protection.
Mil : céréale.

quelque chose pour tromper sa faim. Et… ce qui devait arriver arriva. À force de se tourner et retourner, à force de froisser les herbes sèches, le jeune garçon attira l'attention de son frère. En un bond, celui-ci fut debout, l'arc à la main, la flèche prête. Mangala, effrayé et penaud, leva la main :

– Non, Monzo, ne tire pas ! C'est moi, Mangala !

– Mangala ! Que fais-tu là ? Tu m'espionnais ?

– Non, frère, mais je ne pouvais pas te voir partir sans moi.

– Tu es fou ! As-tu pensé à **ta mère** Sira ? Elle va s'affoler, imaginer tous les accidents possibles !

– Et toi, tu as pensé à l'inquiétude de tes parents ?

Les deux garçons s'affrontaient maintenant comme deux jeunes coqs. À les voir ainsi, personne n'aurait cru qu'ils étaient frères : l'un, grand et robuste, avait la peau noire et luisante, tandis que Mangala, le plus jeune – fils d'une prisonnière **peule** –, tout en longueur comme le sont souvent les Peuls, était aussi grand que Monzo, mais fluet, avec la peau cuivrée et d'étonnants yeux en amande.

Ce fut l'aîné qui céda, par tendresse pour ce frère fidèle. Il lui sourit et le serra dans ses bras. Puis il tenta de le convaincre de rebrousser chemin, mais l'autre, têtu, ne voulait rien savoir. Alors, non sans remords d'entraîner un enfant

Ta mère : l'Africain a souvent plusieurs femmes ; les enfants n'ont donc pas tous la même mère.
Peuls : population nomade, qui viendrait du nord-est de l'Afrique.

dans cette aventure, Monzo reprit sa route, suivi par Mangala.

Le soleil couchant colorait de rouge et d'or le **Joliba**, quand ils aperçurent les toits d'un village au bord du fleuve. Monzo accéléra le pas, mais Mangala, traînant un peu la patte, se laissa distancer. Un bruissement derrière lui le fit sursauter, il tourna la tête mais n'eut pas le temps de voir son agresseur : un coup venait de l'assommer.

Joliba : nom africain du fleuve Niger.

Quand il se réveilla, il ressentit d'abord une terrible douleur au crâne. Il voulut vérifier s'il était blessé, et se rendit compte alors qu'il avait les mains et les pieds liés,

et qu'il ne pouvait bouger. Soulevant légèrement la tête, il aperçut à la clarté de la lune son frère, étendu non loin, et apparemment mal en point. Il ne s'était sûrement pas laissé faire sans se défendre ! Était-il toujours vivant, au moins ?

Une voix railleuse retentit derrière lui.

– Voilà notre joli garçon qui se réveille enfin ! Nous pourrons repartir sans encombre.

– Attends encore un peu, que le grand costaud se remette d'aplomb.

– Ceux-là vont nous rapporter gros, en tout cas !

Des rires moqueurs ponctuèrent ces phrases. Mangala, affolé, tendait l'oreille pour comprendre ce qui amusait tant ses ravisseurs. Il crut saisir quelques mots qui ressemblaient au **poular**, la langue de Sira. Cette pensée, en le ramenant à sa mère, aiguisa son angoisse : que faisait-elle ? S'était–on rendu compte de leur disparition ? Les cherchait-on ? Depuis combien de temps ? Et où pouvait-on les chercher, alors que lui-même ne reconnaissait pas l'endroit ? Et, plus angoissante que les autres, cette question : qu'allait-il advenir d'eux ?

Poular : langue des Peuls.

Son cœur se serra, à la pensée des voleurs d'enfants. Il savait que la disparition définitive de fillettes et de garçonnets était chose courante : réduits en esclavage, trop jeunes pour se souvenir longtemps de leur village natal, ils supportaient facilement leur nouvelle vie. Mais un rapide coup d'œil le détrompa : les quelques formes étendues près de lui étaient surtout celles d'adultes, hommes et femmes.

Quand celui des brigands qui se trouvait derrière son dos se fut un peu écarté, Mangala essaya d'interpeller son plus proche voisin. Celui-ci le fixa des yeux un instant, puis lui tourna le dos sans un mot.

« Il ne me comprend pas ! réalisa le jeune garçon. Quelle langue parle-t-il ? D'où vient-il ? »

À ce moment, Monzo commença à bouger. Quel soulagement pour Mangala ! Son frère était en vie, il ne serait pas seul pour affronter l'inconnu ! Ils étaient trop loin l'un de l'autre pour chuchoter, mais ils échangèrent un regard, et cela leur suffit pour se donner mutuellement du courage.

Au petit matin, leurs ravisseurs – des **Maures** venus du Nord ainsi que l'indiquaient leur teint plus clair et leur costume, djellaba et turban – distribuèrent à chacun une **calebasse** remplie de bouillie de mil, puis les forcèrent à se lever. À ce moment seulement, Mangala put examiner à loisir ses compagnons d'infortune : des hommes, des femmes, à l'air harassé, au regard éteint. Leurs pieds nus étaient presque tous en sang. Ils ne faisaient donc que marcher ? Depuis quand ? Jusqu'où ? Certains hommes avaient des plaies aux épaules et au cou. Mangala comprit pourquoi quand il vit les brigands fixer au cou de chaque prisonnier une longue branche fourchue : la fourche était fermée autour du cou par un lien solide, et la branche reposait sur l'épaule du captif qui marchait devant. Quand ce fut son tour, Mangala comprit l'efficacité du procédé : s'étant mis à marcher trop vite, il vint s'étrangler au creux de la fourche, mais lorsqu'il ralentit pour éviter de recommencer, l'extrémité de la branche tomba et, comme il avait les mains liées derrière le dos, elle pesa si lourd sur sa poitrine qu'il n'évita l'étouffement qu'en s'agenouillant. Les ravisseurs l'aidèrent à reprendre sa place dans la chaîne, non sans l'insulter et le battre copieusement.

Maure : habitant du nord de l'Afrique, à peau claire.
Calebasse : fruit dont l'écorce séchée sert de récipient.

Ils durent marcher ainsi tout le jour, escortés par leurs

gardiens à cheval, armés de fouets. Monzo essaya bien à deux ou trois reprises de se défaire du piège, et ne cessa qu'au bord de l'étranglement. Il tenta aussi, malgré ses liens, de s'enfuir quand on s'arrêtait pour la nuit. Mais, roué de coups, fouetté jusqu'au sang, il finit par se rendre à la raison, et fit taire sa révolte, au grand soulagement de Mangala, qui souffrait de le voir ainsi battu et humilié.

Les deux frères étaient parfois liés ensemble, et en profitaient alors pour se parler, se réconforter. Monzo s'efforçait de tenir son rôle d'aîné, et se montrait aussi rassurant que possible, cherchant à étouffer le sentiment qui l'accablait : c'était sa faute si Mangala en était là ! Alors il évoquait des souvenirs drôles et réussissait parfois à le faire sourire. Heureusement pour le jeune garçon, qui supportait mal la situation. La marche d'abord : au début surtout, le rythme imposé par les brigands l'épuisait. Puis il s'y habitua.

Par contre, il ne s'habitua jamais complètement au malheur qui frappait ses compagnons. La première fois que l'un d'eux, victime d'un malaise – **insolation** ? piqûre d'insecte ? ou morsure de serpent ? –, tomba et mourut étranglé par la fameuse fourche, sous le regard indifférent de leurs gardiens, Mangala serra les dents pour ne pas pleurer, sans succès. Il dut tourner la tête pour cacher ses larmes.

Insolation : malaise (parfois grave) provoqué par une exposition prolongée au soleil.

Il y eut pire : les brigands s'étaient emparés d'une

femme et de ses deux petits enfants, de trois et six ans peut-être. Deux jours ne s'étaient pas écoulés que la femme, qui portait le plus jeune dans le dos, se laissa tomber à terre, visiblement à bout de forces. Rien ne put l'aider à se relever, pas même les coups de fouet. La petite troupe s'éloigna alors. Mangala tenta au moins de ralentir pour l'attendre. Il faillit simplement s'étouffer. Le plus terrible, ce fut la fillette de six ans, qui les avait d'abord suivis, encouragée par sa mère. Mais quand celle-ci se tut, la petite fit demi-tour et courut la rejoindre en pleurant. Plusieurs prisonniers rappelèrent l'enfant, en vain. Elle était promise à la mort, tous le savaient. Comme sa mère et son frère...

Bien d'autres « incidents » de ce genre devaient survenir par la suite, mais aucun n'eut cet effet **dévastateur** sur Mangala. D'un seul coup, il se sentit vieilli : il était sorti de l'enfance.

Dévastateur : destructeur.

Il mit plusieurs jours à se remettre de cette cruauté, silencieux et replié sur lui-même, se demandant parfois, malgré sa jeunesse, s'il ne valait pas mieux se laisser mourir.

Après des kilomètres à travers savanes et plateaux rocheux, la troupe, qui ne cessait de s'accroître, rejoignit un second fleuve, le Sénégal. En suivant son cours, elle arriverait à destination. C'est du moins ce que Mangala apprit des discussions des brigands. En effet, depuis sa capture, il avait insensiblement fait d'immenses progrès dans la compréhension de leur langue. Non seulement de la leur, mais aussi de celles des prisonniers. Peut-être était-ce dû à sa vivacité d'esprit, peut-être simplement au fait qu'il avait toujours entendu parler deux langues autour de lui, le **bambara** et le poular. Très vite, il sut se débrouiller avec tout le monde. Ainsi, contrairement aux autres hommes, à son frère même, il n'était plus isolé, mais pouvait échanger quelques mots avec tous, y compris ses ravisseurs.

Bambara : langue parlée majoritairement dans la région de Ségou.

Cela faisait des jours et des semaines qu'ils marchaient quand ils arrivèrent en vue d'une ville immense qui ne ressemblait en rien à Ségou et à ses murs de terre : ils étaient à Saint-Louis, le terme de leur expédition.

À LA FIN DU XVIIIe SIÈCLE, l'Afrique occidentale était occupée par de nombreux peuples spécialisés chacun dans une activité principale : des éleveurs nomades, des agriculteurs et des artisans sédentaires, des commerçants…

De puissants royaumes
Les royaumes d'Oyo, du Dahomey et d'Ashanti participaient à la traite. Toutes les populations libres de la région étaient en permanence sous la menace de l'asservissement.

La ville de Bénin, capitale de l'ancien royaume du Bénin

« Monzo était revenu furieux de chez son maître de chasse, qui avait décidé d'annuler la traque au lion. »

L'organisation de la traite
Des royaumes et des empires sont nés des guerres entre peuples d'Afrique occidentale. Les vainqueurs imposaient aux vaincus de leur livrer des esclaves. Le monde arabo-musulman (à partir du VIIe siècle) puis l'Europe (à partir du XVe siècle) ont eu également besoin d'esclaves. Des intermédiaires africains ont donc utilisé différents moyens (achat, enlèvements, attaques de villages) pour procurer des hommes, des femmes et des enfants aux trafiquants arabes et européens, et ainsi augmenter leurs revenus.

Les nomades
Ils élevaient des animaux en suivant les pâturages. Ils échangeaient les produits de leur élevage contre des céréales et autres ressources fournies par les agriculteurs sédentaires, regroupés dans des villages.

Les fleuves

De nombreux commerçants qui mettaient en relation des régions très éloignées les unes des autres sillonnaient les fleuves puissants de l'Ouest de l'Afrique.

Transport de marchandises sur le fleuve Niger au Mali

L'arc : une arme de chasse

Élevage nomade de zébus

La chasse

Dans un espace difficile à cultiver, la chasse restait un moyen important pour se procurer de la nourriture. La faune, abondante, était parfois dangereuse. Vaincre les bêtes féroces avec des armes rudimentaires était un moyen de prouver son courage et sa bravoure.

Village d'agriculteurs au Mali

... et vendus

Les captifs traversèrent la ville jusqu'au port, ahuris devant le spectacle qui s'offrait à eux. Hautes maisons de bois, voitures tirées par des chevaux, foule bigarrée, peaux noires, brunes ou blanches, costumes de toutes les formes, de toutes les couleurs... Après le silence de la brousse, le bruit les étourdissait.

Ils réalisèrent à peine qu'ils changeaient de mains et se retrouvèrent, après une rapide traversée sur des canots, entassés dans des bâtiments de pierre. À coups de fouet, on les sépara, faisant entrer les hommes ici, les femmes là, les enfants – ceux qui avaient survécu – à droite, les plus vieux à gauche...

Mangala, voyant cela, pria tous les esprits de le laisser avec son frère. Ceux-ci l'entendirent sans doute, car après quelque hésitation, le **mulâtre** qui menait la manœuvre l'envoya avec les jeunes gens et non avec les enfants.

Mulâtre : métis né de père blanc et de mère noire – plus rarement l'inverse.

Cela lui permit de rester avec Monzo. « Heureusement que nous ne nous ressemblons pas ! » pensa Mangala, qui avait remarqué que leurs nouveaux gardiens séparaient volontiers les membres d'une même famille. Le hangar où on les fit entrer – où on les *jeta* serait plus exact – était à moitié ouvert : deux murs formaient un angle, tandis que les deux autres côtés ne comportaient que de gros poteaux alignés à intervalles réguliers. Aux murs comme sur les poteaux étaient fixés de gros anneaux de métal. Pas besoin d'être bien malin pour comprendre à quoi servaient ces anneaux ! Effectivement, tous les captifs y furent attachés par des menottes et des chaînes, parfois de façon si serrée qu'ils pouvaient tout juste s'asseoir !

La plupart, inertes et résignés, ne cherchaient plus à comprendre ce qui leur arrivait. Monzo et trois autres hommes au contraire étaient habités d'une telle rage qu'ils se débattirent quand on voulut les enchaîner, ne cédant qu'à la violence des coups, et qu'ils restèrent ensuite de longs jours sur le qui-vive, prêts à profiter de la moindre seconde d'inattention de leurs gardiens. Mais ceux-ci, plantés devant l'entrée, aussi noirs que les captifs mais armés de fusils, ne relâchaient pas leur surveillance. Quant à Mangala, surmontant sa terreur, il chercha d'abord à apaiser son frère :

– Tu ne vois pas qu'ils vont te tuer si tu continues ?

– Tout plutôt que cette vie, grimaça Monzo, dont la lèvre était fendue, la joue droite enflée et l'œil fermé.

– Tu serais prêt à m'abandonner ici !

Monzo se tut. Conscient d'avoir touché une corde sensible, Mangala s'en voulut un peu d'avoir réveillé les remords de son frère.

– Se révolter ouvertement ne servira à rien, ils sont plus forts que nous. Mais s'ils ne se méfient pas, nous pourrons tenter quelque chose plus tard, ajouta-t-il pour lui redonner espoir.

Mangala était convaincu de ce qu'il disait. Contrairement à son frère, qui semblait se décomposer au fur et à mesure qu'ils s'éloignaient de Ségou, Mangala reprenait ses esprits. Lui était le fils d'une **concubine**, d'une prisonnière sans valeur, et n'occupait pas la même place dans la concession que Monzo. Très jeune, il avait ainsi pris l'habitude de plier devant le mauvais sort et de s'adapter ! C'est pourquoi, attentif à ce qui se passait, il essayait de saisir la moindre information.

Le lendemain de leur arrivée, leurs gardiens les firent sortir dans la cour. Tour à tour on les déshabilla complètement puis on les emmena devant un Blanc à grand chapeau. Monzo se débattit, en vain comme toujours, et finalement, dut se laisser examiner par le Blanc. Quant à Mangala, il s'exécuta malgré sa répugnance et sa honte. L'homme le palpait, lui faisait ouvrir la bouche, lever les bras, écarter les jambes. Le jeune garçon avait l'impression de ne plus être un homme, mais un animal ! Connaissant son frère, il comprit sa révolte. À l'issue de cette inspection, deux hommes, un **Sarakolé** et un **Haoussa**, furent expédiés ailleurs. Où ? Pourquoi ? À bien y réfléchir, ils avaient en

Concubine : femme vivant avec un homme sans avoir été mariée.
Sarakolés, Haoussas : deux peuples de l'Afrique de l'Ouest.

commun de se remettre difficilement du voyage. Le premier, épuisé, n'avait plus que la peau sur les os et ne trouvait même plus la force de se nourrir. Le second présentait, sur les jambes surtout, d'horribles blessures **purulentes** qui l'empêchaient de bouger. Tous les deux étaient en trop mauvais état pour être vendus, bien sûr. Qu'en faisait-on alors ? On les soignait ? On les abattait comme du bétail malade ? Jamais Mangala n'aurait de réponse à sa question, qui le hanta longtemps.

Purulente : pleine de pus.

Dès lors, on les nettoya à grands seaux d'eau de temps en temps, et chaque jour, ils devaient eux-mêmes se laver la bouche et les yeux. Mangala comprit bien vite qu'ils seraient vendus plus cher s'ils étaient en bonne santé. *Vendus*, il s'en doutait depuis longtemps, mais à qui ?

Il remarqua aussi que, depuis leur arrivée dans ce hangar, ils étaient beaucoup mieux nourris. Tant mieux, mais pourquoi ? Ce n'était pas par bonté pure, car les coups pleuvaient toujours aussi facilement sur eux. Une conversation surprise pendant leur récent voyage lui revint en mémoire. Leurs gardiens blaguaient entre eux à propos des « Blancs mangeurs d'hommes ». Si c'était vrai, n'était-on pas en train de les engraisser pour servir de nourriture aux Blancs qu'il avait vus à Saint-Louis ?

Cette pensée empêcha longtemps Mangala de manger ou de dormir. Mais il trouva le courage de ne rien dire à Monzo, sachant que, de toute façon, ce dernier était aussi impuissant que lui. Inutile de le tourmenter davantage !

Puis un jour, après une « toilette » particulièrement attentive, on les emmena sous bonne garde jusqu'à une place où se pressaient déjà de nombreux captifs, nus et enchaînés comme eux. Mangala et Monzo cherchaient à repérer ceux qu'ils connaissaient, quand des jeunes filles attirèrent leur attention. Une surtout fit naître, pour la première fois depuis bien longtemps, un sourire sur les

lèvres de Monzo : petite et fine, elle était sûrement très jeune, et, par pudeur sans doute, gardait les yeux baissés. Un court instant pourtant, elle les leva, et son regard lumineux rencontra celui du jeune homme, qui se sentit ébloui. Mais avant qu'il puisse lui envoyer le moindre signe, elle avait déjà baissé les paupières.

Mangala remarqua ce court échange, et en ressentit une pointe de jalousie.

C'est alors qu'arrivèrent plusieurs hommes blancs, entourés de mulâtres à la peau claire et de Noirs vêtus à la mode des Blancs, qui les guidaient à travers la foule des prisonniers. Les Blancs s'assirent enfin, et les captifs défilèrent devant eux. La même inspection recommença, toujours aussi humiliante, et Monzo baissa les yeux à son tour, incapable de regarder celle qui lui avait tant plu. Elle non plus ne regardait plus rien ni personne, pas plus que Mangala ou quelque autre prisonnier. Seuls les assistants des Blancs les examinaient attentivement, riant parfois d'une posture maladroite ou d'une blague grossière, mais le plus souvent sérieux et calculateurs.

Puis on emmena tous les captifs désignés par le chef blanc. Monzo et Mangala en faisaient partie, ainsi que la jeune fille entr'aperçue au marché. Plus loin, des hommes s'activaient devant des braseros rougeoyants. Rapidement, on entendit des hurlements de douleur, des cris à fendre l'âme, et le fouet se mit à siffler pour rétablir un semblant d'ordre. Chaque captif était agenouillé de force près d'un brasero, et, comme tous leurs compagnons de misère, même les enfants, Mangala et Monzo sentirent sur leur épaule la terrible morsure du fer chauffé au rouge, avec lequel on les marquait.

Quelques heures plus tard, une longue colonne enchaînée

se mettait en marche, escortée cette fois de Blancs armés. Tous ces hommes et ces femmes qui ne connaissaient que le Sénégal ou le Joliba, pourtant larges, reculèrent devant l'immensité terrifiante de la mer. Des murmures, des cris parcoururent la longue file, qui avançait maintenant par à-coups, avec des arrêts convulsifs malgré le fouet : ainsi ils allaient quitter l'Afrique ! Toutes les peurs resurgissaient, et Mangala comprit qu'il n'était pas le seul à avoir entendu parler des Blancs « mangeurs d'hommes » !

Ce fut pire encore quand on les fit monter dans les canots, les hommes d'abord. Les plus forts étaient liés l'un à l'autre, pour entraver leurs mouvements. Mais, fous de désespoir, deux d'entre eux se jetèrent à la mer, sans se soucier de leur compagnon de chaîne. Quand il vit Monzo entraîné dans l'eau malgré lui, sur le point de se noyer, Mangala se mit à hurler, perdant tout sang-froid. Déjà deux Blancs s'affairaient avec de longues perches. Le premier « plongeur » et Monzo furent repêchés à temps, mais il était trop tard pour les deux autres, que les plus proches virent disparaître sous l'eau avec de violents soubresauts.

Le candidat au suicide, soigneusement enchaîné, devait recevoir plus tard sa punition. Quant aux autres, ils se laissèrent emmener jusqu'au grand navire qui attendait au **mouillage**.

Tirés, poussés, les hommes atteignirent le **pont**,

Mouillage : endroit en pleine mer, où le navire est à l'ancre, quand il n'y a pas de port assez profond pour se mettre à quai.

Pont : plancher qui recouvre la coque du navire.

puis furent brutalement jetés à l'intérieur du navire. Le ventre du navire ! Un ventre énorme, car on avançait, encore et toujours. Le seul obstacle était le plafond, si bas que maintenant il fallait marcher à quatre pattes, ramper presque pour ne pas se cogner. Et plus on s'éloignait des ouvertures, plus l'obscurité devenait dense. Enfin, il fallut bien s'arrêter, car d'autres hommes les avaient précédés et étaient attachés là. Mangala s'affala contre un voisin déjà étendu, et sentit immédiatement le suivant qui tombait sur lui. À peine les hommes avaient-ils trouvé « leur » place qu'ils sentaient les fers se refermer dans un claquement sinistre autour de leurs chevilles.

Et Monzo qui n'était toujours pas là ! Mangala cherchait à apercevoir sa large silhouette, en vain. Sa détresse grandissait au fil des minutes. Enfin, dans le puits de lumière pâle que formait une trappe, il vit son frère, complètement ligoté, descendre au bout d'une corde comme un simple ballot. D'autres hommes empruntèrent la même voie, ceux qui avaient tenté de se révolter. Puis ils disparurent à leur tour, avalés par l'ombre. Quant aux derniers marins, une fois leur tâche accomplie, ils remontèrent vers la lumière, et les trappes se refermèrent lourdement.

<u>LES EUROPÉENS</u> avaient besoin d'une main-d'œuvre capable de travailler dans leurs colonies américaines. C'est en Afrique qu'ils se procuraient des esclaves échangés à des commerçants africains contre différents produits.

La Rochelle, un des ports organisant la traite

« Perles de traite »

Les « perles de traite »
Coquillages ramassés dans l'océan Indien, ou bijoux en verre, les « perles » étaient échangées contre des esclaves. Sans grande valeur pour les Européens, elles servaient de monnaie en Afrique.

Enseigne d'un négociant négrier nantais

Sabre produit en Europe et vendu en Afrique

« Les captifs traversèrent la ville jusqu'au port, ahuris devant le spectacle qui s'offrait à eux. »

Le commerce triangulaire
Les routes de ce commerce étaient internationales. Partis des ports d'Europe chargés de marchandises, les navires venaient en Afrique les échanger contre des esclaves. Transportés en Amérique, les esclaves étaient de nouveau échangés contre des marchandises qui revenaient en Europe. On appelle ce commerce la « traite négrière » ou le « commerce triangulaire » car il mettait en relation l'Europe, l'Afrique et l'Amérique.

Le départ
Les esclaves capturés étaient rassemblés dans les *baracoons*, enclos installés sur les côtes. C'est là que se faisaient les transactions. Un à quatre mois était nécessaire pour remplir un navire. Vendus, les esclaves étaient embarqués à destination de l'Amérique. Le fort construit sur l'île de Gorée, au large du Sénégal, protégeait le trafic des navires négriers.

Les ports européens
Les négociants des ports français (comme Nantes ou La Rochelle), mais aussi portugais, anglais, espagnols, hollandais organisaient la traite. Entre 1500 et 1850, les négociants européens ont déporté en Amérique quelque 11 millions d'esclaves africains.

Le fort de Gorée

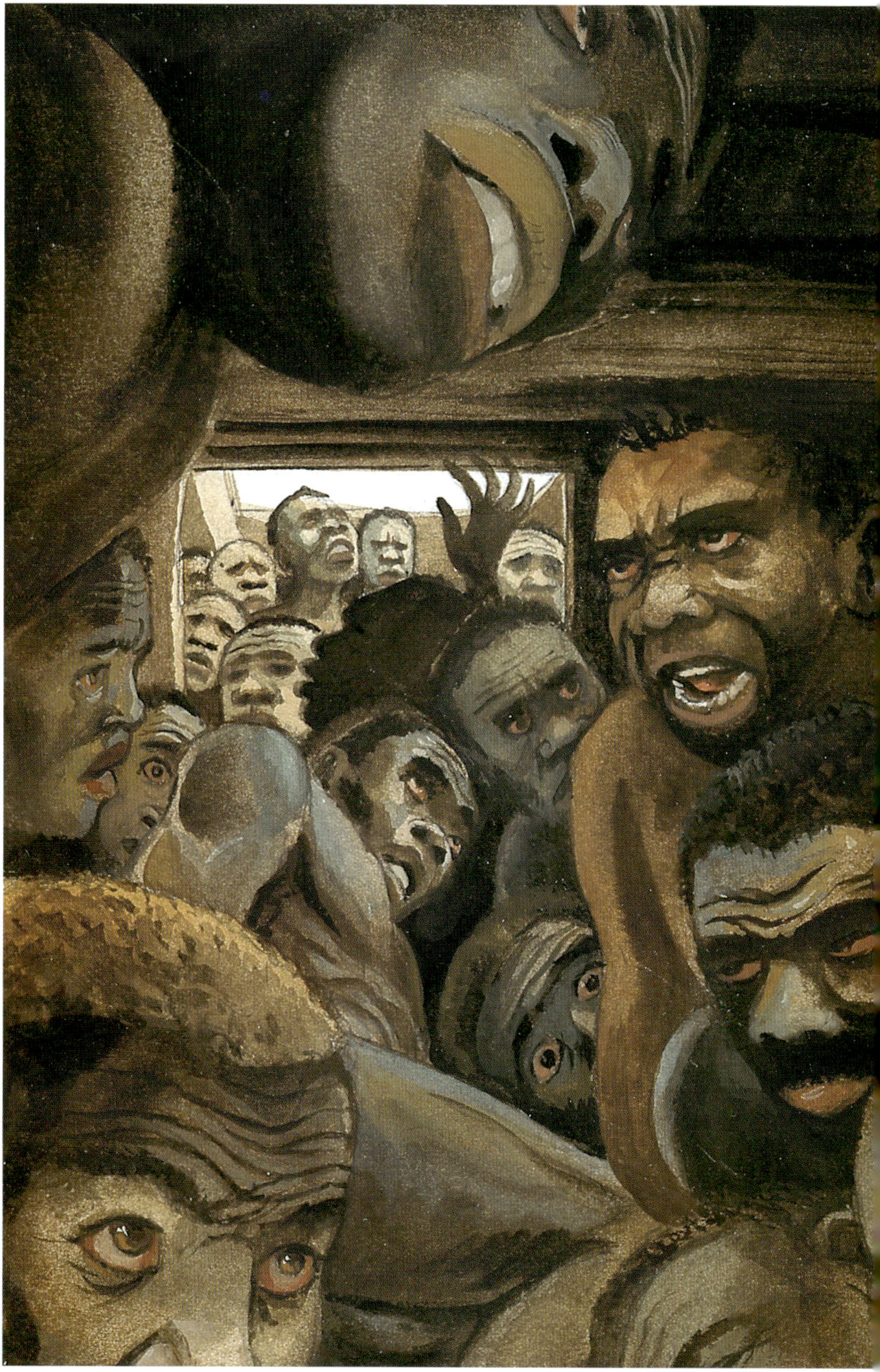

Vers l'inconnu

D'abord, ce fut le silence : ils étaient dans une tombe, ils étaient morts. Puis ils perçurent au-dessus de leurs têtes de légers trottinements, et, derrière les cris des marins, des murmures continus qui ressemblaient fort à des pleurs : les enfants sans doute, embarqués après eux avec les femmes.

Puis les hommes se mirent à appeler, chacun dans sa langue, et ce fut un enchevêtrement de **dialectes**, haoussa, malinké, yoruba, chacun cherchant un compagnon de son village, de son ethnie. Même l'oreille exercée de Mangala ne démêlait rien de ce vacarme. Les plus désespérés éclatèrent en sanglots, protégés de la honte par la nuit qui les cachait. Les obstinés tempérèrent leur impatience, essayant de se laisser parler l'un après l'autre. Mais il y avait peu de réponses : les marchands avaient bien fait leur travail, séparant les familles, laissant chacun seul face à son désespoir, sans forces.

Soudain, des cris, des ordres, des bruits de ferraille, les mouvements plus amples de la coque... On partait ! À nouveau les gémissements et les cris de terreur parmi la « **cargaison** ». Mangala commençait à se sentir gagné par une nouvelle

Dialecte : langue propre à une ethnie, à un peuple.
Cargaison : ensemble des marchandises chargées sur un navire.

crainte : les mouvements du bateau, la chaleur ambiante – ils étaient si serrés, les uns sur les autres presque –, l'odeur de cette masse d'hommes terrorisés, tout contribuait à le rendre malade ! Il comprit l'origine de cette odeur qui le gênait, quand lui-même, après s'être longtemps retenu, finit par vomir, à moitié sur lui, à moitié sur son voisin. Au bout de quelques heures, toute la cale était souillée, empuantie, et aucun homme n'osait plus regarder son voisin ou lui adresser la parole. Mais ceux qui étaient près des **bordages** ouest voyaient toujours par les fentes la côte africaine, et ne touchaient pas encore le fond du désespoir.

Bordages : planches recouvrant la membrure du navire et formant l'extérieur de la coque.

Deux jours plus tard, le navire mouilla à nouveau. On garda les captifs à bord avec une vigilance accrue, les marins qui leur apportaient à manger étaient toujours en nombre et soigneusement escortés. La halte semblait s'éterniser, Mangala perdait la notion du temps écoulé, il ne faisait plus que rêver. Son esprit se détachait peu à peu de son corps, l'emmenant planer vers Ségou. Il sentait déjà le parfum des galettes que Maman Sira faisait cuire mieux que personne. Il entendait sa douce voix, elle chantonnait les berceuses de son enfance. Mais la voix déraillait soudain : c'était lui qui fredonnait plaintivement ! Les cris d'appel de Monzo l'aidaient à sortir de ce délire. Il n'était pas le seul, d'ailleurs, et de tous côtés s'élevaient des voix rauques qui chantaient pour bercer leur malheur. Les esprits ne reconnaissaient plus leur corps et choisissaient de s'échapper. Les hommes se sentaient devenir fous.

La halte se prolongeant, les captifs furent emmenés tour à tour, sous bonne garde et par petits groupes, sur le pont. Quand Mangala et les autres émergèrent à la lumière, ils furent aveuglés, et comme paralysés. Les Blancs les réveillèrent à grands seaux d'eau, n'hésitant pas à frotter les peaux nues avec leurs **lave-ponts**. Et comme ils ne remuaient pas assez, on les fit « danser » au rythme des fouets.

Lave-pont : long balai-brosse.

Ce fut à nouveau l'attente. Jusqu'au jour où de nouvelles recrues arrivèrent. Le bateau s'ébranla à nouveau, sans quitter encore les côtes d'Afrique. Ceux qui n'avaient pas perdu tout espoir réussissaient maintenant à dialoguer sommairement entre eux. Des plans s'ébauchaient dans l'ombre. Mangala servait parfois d'interprète, mais estimait les Noirs bien trop démunis pour vaincre la puissance des Blancs.

Il y eut ainsi plusieurs haltes, plusieurs départs, à chaque fois de nouveaux prisonniers.

Puis un jour, le navire s'éloigna de la côte africaine. La terreur aiguillonna les plus résolus :

– C'est maintenant que nous devons agir ! Après, nous serons trop loin pour regagner la terre de nos ancêtres.

L'un des comploteurs, un grand Yoruba, avait trouvé, en redescendant du pont, un couteau miraculeusement

perdu là par un des marins. Il réussit à forcer la serrure de ses fers, puis quelques autres. Quand les marins chargés de la nourriture descendirent les marches raides, ils furent immobilisés par surprise, assommés, désarmés en un tournemain. Mais certains avaient eu le temps de crier et d'appeler au secours. Même avec quelques coutelas et la force apparente du nombre, que pouvaient les révoltés contre des fusils ?

Pour un mort et deux blessés parmi les marins français – ceux qui avaient été pris en otage au début –, il y avait une douzaine de morts noirs, ce qui visiblement rendait le capitaine absolument furieux : toute cette marchandise perdue pour rien ! Pas perdue pour tout le monde cependant : les requins autour du navire se régalèrent…

Le capitaine ne pouvait laisser passer cela sans réagir. Grâce aux dénonciations de ceux qui s'inclinaient définitivement devant la toute-puissance divine des Blancs, le Yoruba et ses plus dévoués complices furent suspendus par les bras à la **grand-vergue** et fouettés, jusqu'à ce que mort s'ensuive pour le premier, et seulement de cent coups pour les autres. Quant aux suiveurs, ceux qui s'étaient laissé mener, ils durent assister jusqu'au bout au supplice de leurs compagnons, pour effacer définitivement en eux toute idée de révolte.

Grand-vergue : élément horizontal de la mâture, situé en hauteur, qui soutient la grand-voile.

C'est bien ce qui se passa. La cale ne contenait plus que des ombres d'hommes, allongés dans leurs ordures jusqu'à ce que, périodiquement, on les emmenât faire une toilette brutale, pendant que des marins frottaient au vinaigre les places libérées, pour tenter d'en déloger la **vermine** et d'en chasser l'odeur. On n'y gagnait pas grand-chose, sauf d'éviter l'**ankylose**. Parfois, un homme ne se levait plus : la maladie avait gagné, ou il avait réussi à se laisser mourir de faim, ou à avaler sa langue. Ainsi se poursuivait le voyage. La nourriture devenait **avariée**, les parts se réduisaient, l'eau croupie augmentait le nombre de malades. Et le temps passait, passait inexorablement.

Vermine : ensemble des insectes parasites du corps (poux, puces...).
Ankylose : difficulté ou impossibilité de remuer ses membres.
Avarié : abîmé, pourri.

À l'étage supérieur, il y avait longtemps qu'on ne trottinait plus. La nuit, si le vent ne soufflait pas trop fort, si les vagues ne frappaient pas la coque, on entendait parfois des plaintes, des cris. Les hommes qui n'avaient pas totalement perdu conscience imaginaient les pleurs des femmes et des filles livrées sans défense aux marins. Mais la plupart ne s'en souciaient pas : ils n'avaient pas la force de se soucier d'eux-mêmes.

Et puis des cris d'oiseaux annoncèrent la terre proche. On arrivait ! Où ? Certains s'éveillaient après ce long cauchemar, d'autres s'y étaient définitivement perdus. Mais tous descendirent à terre, retrouvant difficilement leur équilibre sur ce sol immobile, abasourdis par la lumière, par les chants d'oiseaux, par l'odeur des fleurs exubérantes. Ils étaient donc vivants !

Ils furent enfermés à nouveau, mais leurs nouvelles

prisons n'avaient, en guise de murs, que des poteaux peu espacés, et Monzo, séparé de Mangala, vit soudain avancer vers une autre case une silhouette qu'il eut du mal à reconnaître. La jolie fille aux yeux noirs, devenue squelettique, se courbait sur son ventre bien rond, et lorsqu'elle leva les yeux, Monzo en eut le cœur brisé : sombres, éteints, ils semblaient ne rien voir. Il examina alors les loques humaines autour de lui. Aucun de ceux qui les avait aimés ou côtoyés auparavant n'aurait pu les reconnaître aujourd'hui. Amaigris, la peau couverte de pustules, de larges cicatrices roses pour certains, ils n'étaient plus personne.

Comme au port de Saint-Louis, leurs geôliers s'occupèrent de leur redonner apparence humaine. On les nourrit de tout ce qui leur avait manqué durant la traversée : fruits, légumes, poisson, viande même. On les obligea, à tour de rôle, à bouger, courir, exercer leurs muscles évanouis. On examina leurs plaies, les soignant tant bien que mal.

Puis un jour, après une toilette plus sérieuse, ils furent frottés à l'huile de palme par tout le corps. Mangala aperçut Monzo et le regarda avec admiration : après toutes ces épreuves, il restait beau et encore fort, avec des muscles qui jouaient sous sa peau noire et brillante ! Dommage que les coups de fouet aient laissé tant de cicatrices sur son dos… Lui-même ne se rendait pas compte de sa propre beauté, plus délicate, même si les horreurs traversées avaient durci son corps comme son esprit.

Emmenés sur un nouveau marché, les deux frères ne se lâchaient pas du regard. Une foule excitée se précipita vers les Africains. Des Blancs bien sûr, mais aussi des mulâtres et quelques Noirs – fort peu. Des hommes surtout, qui inspectaient la marchandise avec soin, discutant âprement avec le capitaine et ses lieutenants.

Plusieurs acheteurs s'étaient arrêtés devant Monzo, mais ses nombreuses cicatrices les rebutaient l'un après l'autre :

– Une mauvaise tête ! Il m'apportera plus de soucis que de profit !

– Mais non, plaidait le vendeur, les Bambaras aiment travailler la terre. Il est fort, et le fouet lui a appris l'obéissance.

Pour Mangala, le vendeur avait un tout autre discours :

– Il fera un merveilleux esclave de case : il est jeune, obéissant. Il parle même quelques mots de français !

Les deux frères se disaient déjà silencieusement adieu, chacun emmené par son acheteur, Monzo par un mulâtre méprisant, Mangala par un Blanc à monocle. Mais ils se retrouvèrent sur la même charrette, conduite par le mulâtre, tandis qu'une élégante calèche emmenait le Blanc. Tous deux étaient maintenant la propriété du même maître, M. de Saint-Bris, mais leurs routes se séparaient cependant : tandis que l'un allait travailler aux champs, l'autre accompagnait le maître jusqu'à la grand-case.

LA TRAVERSÉE, extrêmement pénible, durait environ deux mois pendant la saison des pluies, alors que la navigation était plus facile. Les capitaines de navires essayaient d'embarquer le plus grand nombre d'esclaves, mais sans surcharger le bateau. Leur but était de mener leur cargaison à bon port et dans le meilleur état possible.

Révolte à bord

Les révoltes
Beaucoup de captifs se jetaient à la mer lorsque le navire s'éloignait des côtes. Puis, pendant la traversée, certains se révoltaient. Pour éviter que les esclaves ne puissent s'organiser, chacun de leur mouvement était surveillé, quand ils n'étaient pas attachés.

Les vivres à bord
Les tonneaux, disposés dans la cale, contenaient les vivres et l'eau nécessaires à l'équipage (une quarantaine de marins) et aux esclaves (400 à 600 par bateau).

« Soudain, des cris, des ordres, les mouvements plus amples de la coque… On partait ! »

L'installation à bord des navires
Pour transporter le plus d'esclaves possible, il fallait les installer sans perdre de place. Enchaînés deux par deux, les hommes étaient séparés des femmes et des enfants. Chacun disposait d'un espace d'environ 80 cm de haut et de 40 cm de large dans un faux-pont peu éclairé où l'air circulait à peine. C'était dans ce même espace que les marchandises étaient transportées au retour.

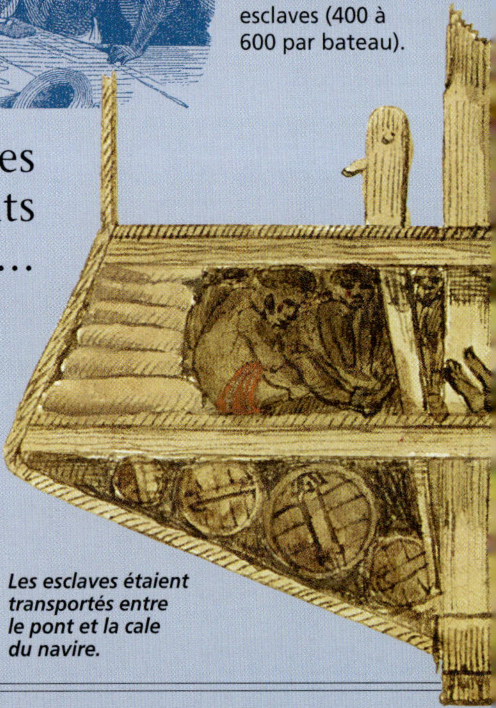

Les esclaves étaient transportés entre le pont et la cale du navire.

Danse sur le pont d'un bateau

Plan d'un bateau négrier

Le « bracelet »
Empêchant l'esclave de bouger, il n'abîmait pas sa peau. En effet, toute blessure diminuait la valeur de l'esclave.

Les conditions de vie à bord
Pour maintenir les esclaves en bon état, on les nourrissait avec du riz, du manioc, du mil assaisonnés d'huile de palme et de piment, on nettoyait leur cale avec du vinaigre une fois par semaine. On leur faisait également faire de l'exercice : marcher à l'air libre, gratter et nettoyer le pont, et même danser.

« Bracelet » d'esclave

La plantation

Quand la calèche de M. de Saint-Bris obliqua en direction de la belle maison qui régnait au centre du domaine, le mulâtre arrêta la charrette et, aboyant sur Mangala, lui enjoignit de suivre le maître.

Le regard sec, Monzo regarda son jeune frère courir derrière la calèche et disparaître au tournant. Son cœur s'était figé dans sa poitrine. Mais on ne meurt pas de chagrin…

Il regardait, sans les voir vraiment, les étendues cultivées, plus hautes et plus vertes que celles de son pays. Elles devaient pénétrer sa conscience, car au bout d'un temps, il sentit qu'il respirait mieux : à Ségou, les nobles étaient cultivateurs, sinon chasseurs. Au moins, s'il devait travailler là, ce ne serait pas **infamant**. Mais Mangala ? Qu'allait-il donc faire dans la case du maître ? C'était aux femmes de s'en occuper…

Infamant : déshonorant.

La voix rogue du mulâtre le tira de ses réflexions. Ils étaient arrivés devant un regroupement de petites cases, et la tête d'un vieillard sortait précautionneusement de l'une d'elles. L'autre l'interpella aussitôt :

– Tiens, Vieil-Homme, puisque tu es là, explique à ce nègre comment va la vie ici. Et explique-lui aussi pour les chiens...

Tandis que le mulâtre s'éloignait rapidement, le vieux s'avançait en boitant vers Monzo. Il l'amena sans mot dire jusqu'à une cabane au sol battu, et le fit asseoir face à lui. Monzo le considérait avec espoir : il avait enfin un homme devant lui. Même s'il n'était pas africain – les cicatrices de son visage n'avaient rien des **scarifications** rituelles – il était noir, et ses yeux plissés semblaient sourire.

Scarifications : incisions sur la peau (du visage surtout) qui produisent des cicatrices durables, parfois colorées de pigments, et marquent en Afrique l'appartenance à une ethnie.

Au bout d'un long temps de silence et de regards, Vieil-Homme se décida. Se frappant la poitrine, il expliqua en détachant les mots :

– Moi, Vieil-Homme. Avant j'étais Eugène, aujourd'hui je suis Vieil-Homme.

Monzo sentit l'ironie du ton, mais ne comprit rien.

Frappant ensuite la poitrine de Monzo, Vieil-Homme interrogea :

– Et toi ?

Monzo mit quelque temps avant de saisir et de répondre.

– Monzo, reprit le vieux, c'est bien un nom de **Congo**, ça, pas un nom de chrétien !

Congo : nom donné aux Africains par les Noirs créoles, nés en Amérique.

Une femme âgée, à l'air pincé, lui apporta à manger une soupe très épicée, avec un petit morceau de viande. Le jeune homme eut aussi droit à des fruits frais, sous le regard faussement indifférent du vieillard.

– Ça, c'est pour te donner des forces, lui expliqua-t-il, tu vas en avoir besoin !

Tout en mangeant son féroce – purée de farine de manioc et d'avocat –, il eut un rire silencieux, découvrant une bouche édentée.

Quand Vieil-Homme fut parti, Monzo avait compris que la case nue était la sienne, ainsi que le petit jardin de derrière, que personne d'autre que lui-même ne prendrait soin de lui, que même le vieux ne pouvait lui donner que des conseils, car il ne possédait rien.

Le jeune homme s'allongea dans sa case, dévoré par l'angoisse de l'avenir et la nostalgie du passé.

Quand les autres revinrent des champs, certains, malgré leur épuisement, vinrent le saluer, ou du moins le regarder de près. Comme une bête curieuse, pensa-t-il. La plupart n'étaient pas africains, et parmi les autres, aucun ne parlait bambara. Malgré la sympathie que lui témoignèrent quelques-uns, Monzo se sentit terriblement étranger.

Puis vint le dimanche. Ses compagnons se rendirent tous, et lui avec, à la **chapelle** du domaine. Court moment de joie : il aperçut Mangala dans les premiers rangs, parmi les esclaves de la grand-case, reconnaissables à leurs beaux vêtements, et ils purent se faire signe. Mais la suite le laissa définitivement démuni. Il y eut des gestes et des paroles, et Monzo, après avoir perdu son pays et sa famille, perdit aussi son nom. On le baptisa « Christophe », tandis que son frère prenait le nom de « Samuel ».

Chapelle : les colons français des Antilles étaient catholiques et convertissaient leurs esclaves.

Enfin un matin, Monzo-Christophe fut tiré de son sommeil par les cris de Toine, le mulâtre qu'il avait vu le pre-

mier jour. Toine était commandeur sur la plantation et il jugeait sans doute que Christophe avait eu suffisamment le temps de s'acclimater.

Qu'était-ce donc qu'un commandeur ? Une brute imprévisible, accompagnée – par prudence ? par cruauté ? – d'autres brutes plus prévisibles, d'énormes chiens qui aboyaient sauvagement en tirant sur leur chaîne.

Le soleil se levait à peine quand ils arrivèrent aux champs de cannes. Au-dessus du feuillage vert s'agitaient maintenant de hauts plumets blancs. Il était temps de couper les cannes. On mit dans les mains de Christophe un long ***coutelas*** bien aiguisé, on l'aligna avec les autres hommes, et ils se mirent

Coutelas **:** nom donné à la machette dans les îles.

en marche, balançant les bras en cadence, tandis que tombaient régulièrement les cannes. Régulièrement... presque ! En une heure, Christophe avait pris plus d'un mètre de retard, et les femmes qui suivaient pour lier les paquets de cannes lui marchaient sur les pieds. Le coup de fouet qui cingla ses épaules le fit se redresser, une lueur de haine au fond des yeux. Mais les chiens s'étranglaient avec leur laisse, et le second coup de fouet lui fit baisser la tête, et se hâter dans son travail.

Un travail ! Dans les concessions d'Afrique, pensait-il, on n'avait jamais soumis les esclaves à pareil régime ! Le soleil montait dans le ciel, la sueur coulait dans le dos, sur le front, dégouttait devant les yeux. Christophe, malgré la haine qui le tenaillait, eut une pensée émue pour Vieil-Homme qui lui avait montré comment se confectionner un chapeau avec les feuilles de palmier. Christophe avait le dos cassé, les bras raides, mais il réussissait à suivre la cadence, car il sentait Toine aux aguets, et ne voulait pas lui donner le plaisir de le battre à nouveau. À force, il ne sentait plus la douleur, il ne sentait plus rien du tout, il était devenu un automate.

Quand la première parcelle fut proprement débarrassée de ses cannes, il était midi. Christophe se laissa tomber à terre. Mais tous les autres se hâtaient déjà vers les *cases-nègres* : il leur fallait préparer le repas s'ils voulaient manger ! Octave et Nicaise, les seuls qui avec Vieil-Homme s'intéressaient à lui, l'entraînèrent bon gré mal gré. Il n'avait pas grand-chose à manger, car son petit jardin ne donnait pas encore de fruits. Une de ses voisines, Eulalie, aussi attendrie que fâchée par ce grand nigaud qui ne faisait rien comme tout le monde, l'emmena sans douceur dans sa propre case, le fit asseoir à côté de ses deux enfants, et lui servit un peu de purée d'igname, et des haricots bien pimentés. Cela calma sa faim, mais pas sa haine, ni son désespoir.

Avec les yeux, avec les mains, on arrivait à se comprendre. Mais cela ne suffisait pas au jeune homme, qui se sentait de moins en moins la force de résister aux coups, aux injures, à l'infinie fatigue, à la solitude, au mépris : Monzo le chasseur, le fils du Fa, méprisait l'esclave Christophe. Ni le sourire d'Eulalie ni les chants d'Octave ne le consolaient. Quant à Mangala-Samuel, il ne s'échappait pas souvent de la grand-case, et semblait devenir différent, étranger lui aussi.

Le temps passait, Christophe ne relevait plus la tête. Des champs il était passé au **moulin**, du moulin aux champs, rien ne changeait pourtant : il se couchait à terre dès qu'il avait fini son travail. Monzo n'avait plus qu'une envie, partir rejoindre les esprits de ses ancêtres, et Christophe l'aidait à mourir doucement de faim et d'épuisement.

Moulin : bâtiment où les cannes sont broyées, puis traitées pour en extraire le sucre.

Et puis…

Et puis, une nuit, une jeune Congo en pleurs se réfugia dans sa case. Une nouvelle venue, poussée par quel hasard ? Par quel conseil ? Il comprit à ses paroles entrecoupées de sanglots qu'elle en avait assez d'être la proie des hommes, qu'ils soient noirs, blancs, jaunes... C'est alors qu'il réalisa qu'elle parlait en bambara ! Les mots, même hachés, même accompagnés de reniflements sans grâce, étaient à son oreille la plus douce des musiques. Il retrouva au fond de son cœur la mélodie du bambara, les consolations de sa mère Niély quand il était petit, et berça tendrement la nouvelle venue. Sourougou n'était pas très jolie, mais elle avait de grands yeux reconnaissants, et des lèvres fraîches...

À LA FIN DU XVIIIe SIÈCLE, les Européens consommaient déjà 4 kg de sucre par personne par an. Les commerçants réclamaient des quantités toujours plus grandes à des prix toujours plus bas.

De nouvelles terres pour le sucre
Connue depuis les croisades, la canne à sucre a été plantée d'abord autour de la Méditerranée.

Dès 1505, Christophe Colomb introduit la canne à sucre à Saint-Domingue. Les Antilles deviennent bientôt les « îles à sucre ».

Récolte de la canne à sucre à la main

« Le soleil se levait à peine quand ils arrivèrent aux champs de cannes. »

La culture de la canne
Les planteurs se partagèrent les domaines appelés « habitations » pour exploiter la canne à sucre. La culture de la canne demandait une main-d'œuvre nombreuse, et la fabrication nécessitait des investissements importants : il fallait donc beaucoup d'ouvriers à moindre coût.

Canne à sucre

Les sucreries
Pour produire du sucre sont nées les premières usines. L'énergie était fournie par un moulin à eau ou à vent. Chaque opération était effectuée dans des bâtiments différents.

Sucrerie en Guadeloupe

La fabrication du sucre
Les morceaux de canne broyés dans des moulins donnent un jus qui contient 10 à 20% de sucre. Une fois bouilli dans des chaudières, ce jus devient sirop qui, essoré et séché, se transforme en sucre blanc.

La distillation
Le jus de la canne à sucre peut être fermenté puis distillé pour donner du rhum, une boisson très alcoolisée.

Distillerie de rhum

Pain de sucre

La grand-case

Quand Mangala, arrivé au seuil de la grande maison, s'était retourné, la charrette et Monzo avaient disparu. Le souffle court, le cœur aux abois, il entra à la suite du maître. Celui-ci le remit immédiatement entre les mains d'une large négresse à l'air sévère, qui était venue les accueillir :

– Tiens Nicole. Tâche donc de le rendre présentable.

Avant d'avoir compris ce qui lui arrivait, Mangala, accroupi dans une bassine, cachait autant qu'il le pouvait son ventre nu au regard de Nicole. Elle le frotta sans ménagement, lui coupa ses cheveux crépus, l'habilla enfin de vêtements bizarres, trop serrés sur le corps, comme il en avait vu aux Blancs du marché.

Ainsi accoutré, Mangala fut mené d'une main ferme dans un salon meublé de toutes sortes d'objets dont il ne comprenait pas l'utilité. Et au milieu de ce décor, une femme blanche, aux joues roses et à la chevelure jaune, aussi maigre que Nicole était ronde.

– Viens donc par ici, dit-elle d'une voix douce. Tourne-toi que je te voie mieux. N'est-il pas trop âgé pour les

Habitation : nom donné à une plantation, comprenant la maison des maîtres, les cases-nègres, les champs, le moulin…

enfants, Victor ? ajouta-t-elle à l'adresse de son mari qui venait d'entrer.

Victor de Saint-Bris, l'heureux propriétaire de l'**habitation** et de tous les esclaves qui y travaillaient, était un homme grand, plutôt gras, l'air content de lui.

– Mais non ! répondit-il. À mon avis, il n'a pas plus de quatorze, quinze ans. Il n'est pas trop laid, il parle un peu français, et il a l'air résistant et docile. Les enfants pourront jouer avec lui comme ils en auront envie.

– Soit, acquiesça Lucie de Saint-Bris. Comment t'appelles-tu, mon garçon ?

– Mangala.

– Quel nom de sauvage ! Il faudra te trouver un nom chrétien. Que pensez-vous de Samuel, mon ami ?

Mais M. de Saint-Bris s'était déjà éclipsé de la pièce, tandis que deux jeunes garçons y faisaient irruption. Charles et Hugues, huit et cinq ans, se précipitèrent sur Mangala qui recula, effrayé. Cela fit rire les deux enfants, qui s'emparèrent de leur esclave, et le firent tournoyer sur lui-même.

– Comment s'appelle-t-il ?

– Il est joli !

– Pouvons-nous l'emmener, Maman ?

Les questions fusaient, les enfants, quoiqu'un peu excités, semblaient gentils.

– Il s'appelle Samuel, répondit en souriant Mme de Saint-Bris. Emmenez-le vite, sinon je sens bien que vous allez me donner la migraine, à vous agiter ainsi.

Ainsi se passa l'entrée de Mangala-Samuel dans la *grand-case* – la grande maison. Il passait le plus clair de son temps avec les enfants, à les servir ou à jouer avec eux, dormant même au pied du lit de Charles, qui s'était vraiment **entiché** de lui. Hugues, le plus jeune, s'habituait plus lentement au nouveau venu.

Entiché : pris d'un très fort attachement.

Samuel commençait à se rassurer auprès de ses jeunes maîtres, quand un incident vint durement le rappeler à sa condition. Un jour qu'il jouait au cheval avec les enfants, trottant à quatre pattes avec Hugues sur le dos, Charles lui ordonna de lancer des ruades pour pimenter le jeu. Samuel s'exécuta, mais quand Hugues agrippa ses cheveux crépus à pleines mains pour se retenir, il ne put s'empêcher de crier et de se secouer. Hugues tomba, pas de très haut pourtant, et pleura beaucoup. Charles ne se dénonça pas, Samuel se tut, et fut fouetté sous les yeux de ses « compagnons » de jeu. Il réussit à retenir ses cris, mais pas les larmes qui lui montèrent aux yeux, de douleur et de rage. Il venait d'apprendre à tout jamais à se méfier des Blancs. Cela ne l'empêcha pas de continuer à dormir au pied du lit de Charles.

À la cuisine, aux repas, Samuel rencontrait les esclaves de maison. Nicole s'amadouait un peu, même si la confiance de ses maîtres lui faisait regarder les autres de haut. Le cuisinier, Ti'Louis, était aussi ***quimboiseur***, et tous les soirs on venait le consulter des environs, **du Carbet** au **Morne-Vert**. Quant à Blaise, le cocher, il ne pensait qu'aux femmes – en dehors de ses chevaux, bien sûr – et copiait les Blancs autant qu'il lui était possible. Il y en avait d'autres encore, sans compter les négrillons et les négrilles, les plus petits gardés par la vieille Zoé, les plus grands chargés des menues besognes, garder les animaux, chercher de l'eau – tant qu'ils n'avaient pas l'âge de travailler sur la plantation. Enfin, il y avait la femme de chambre de Mme Lucie, Agathe, une mulâtresse qui avait environ l'âge de Samuel, et qu'il avait toujours grand plaisir à croiser : malgré sa peau claire, elle ne faisait pas la fière, et était toujours prête à plaisanter ou à discuter.

Car on discutait beaucoup, à la cuisine. Et de quoi ? D'**affranchissement**, bien sûr. Tous étaient pleins d'espoir, chacun pour soi, chacun se moquant des prétentions des autres. Mais seul Ti'Louis, grâce à l'argent qu'il mettait de côté avec sa magie, avait de vraies chances de pouvoir se racheter. Samuel écoutait de toutes ses oreilles, comme toujours, et se jurait en son for intérieur de retrouver la liberté.

Quimboiseur : magicien qui sait prévenir ou guérir les mauvais sorts et les maladies physiques et mentales.
Le Carbet, Le Morne-Vert : bourgs au nord-ouest de la Martinique.
Affranchissement : libération d'un esclave accordée par le maître, soit gratuitement, soit contre argent.

En secret, Agathe lui fit part de son espoir à elle : elle avait été « remarquée » par le maître. Bien sûr, ce n'était pas très agréable de se soumettre à ses volontés, et il n'était pas toujours très gentil...

Samuel l'interrompit, bouleversé et incrédule :

– Tu parles d'espoir ! Ce gros M. Victor te violente et...

– Mais si j'ai un enfant de lui, il l'affranchira peut-être, et mon fils me rachètera !

– Tu es folle, tu devrais le haïr !

Agathe éclata en sanglots et partit en courant. Samuel comprit qu'il venait d'être méchant, mais il ne put s'excuser avant longtemps, car Agathe prit soin de l'éviter.

Cependant un intérêt nouveau venait de surgir dans la vie de Samuel : l'écriture. À Ségou, sa famille était une des

dernières à résister à l'islam, et contrairement à beaucoup d'enfants de son âge, il n'avait pas fréquenté l'**école coranique**. Et voilà qu'avec Hugues, il découvrait les secrets de l'alphabet ! Charles s'amusait à jouer au maître d'école, Samuel faisait de rapides progrès, et Mme Lucie était ravie de voir son fils étudier avec zèle, pour mieux enseigner ! Tout le monde était content, jusqu'au jour où...

École coranique : école musulmane.

Jusqu'au jour où M. Victor arriva en pleine séance de travail. Marchant à grands pas sur Samuel, il lui arracha des mains le cahier sur lequel il s'exerçait, lui en cingla le visage, et se retourna pour apostropher violemment sa femme et ses enfants :

– Malheureux, à quoi pensez-vous ? Vous voulez apprendre à lire à un nègre ? Et pour quoi faire ? Toi, sors d'ici, lança-t-il, furieux, à Samuel.

Mais dehors, le jeune homme colla son oreille à la porte :

– Que peut-il comprendre à un livre ou un journal ? continuait M. de Saint-Bris. Et quelles idées stupides ou dangereuses irait-il y piocher ? Cela ne pourrait que le rendre malheureux. Plus jamais cela, n'est-ce pas ?

Samuel n'eut que le temps de s'éclipser sans bruit avant que le maître ne sorte. Mais ce discours ne fit qu'exacerber son désir d'apprendre. Pourquoi cette interdiction ? Qu'y avait-il donc dans ces journaux et dans ces livres, qu'on voulait lui cacher ?

UNE PARTIE DES ESCLAVES – notamment les femmes âgées et les enfants –, les « nègres de maison », étaient employés au service du maître et de sa famille comme cuisiniers, blanchisseurs, nourrices… Les autres, « nègres de jardin », vivaient à l'écart des maîtres et travaillaient comme ouvriers agricoles, éleveurs, artisans…

Les « nègres de maison »
Ils étaient souvent mieux traités que les autres esclaves. Plus tôt convertis au christianisme, ce sont eux qui ont créé les premières Églises noires.

Les nourrices
Les enfants des planteurs étaient élevés par des nourrices esclaves. Les propres enfants de ces nourrices devenaient à leur tour des esclaves, car le statut d'esclave se transmettait par la mère seulement. C'était un moyen d'augmenter le nombre des esclaves, sans en acheter de nouveaux.

Les planteurs
L'esclavage dans le sud des États-Unis et aux Antilles permettait aux planteurs d'amasser d'immenses fortunes. Leur mode de vie était très proche de celui des aristocrates européens.

Les maisons coloniales
Les plus riches planteurs ont construit de véritables palais, luxueusement décorés à la dernière mode européenne, mais adaptés au climat, résistant à la chaleur et au vent.

Intérieur d'une maison coloniale à Cuba

Maison coloniale à la Guadeloupe

“Samuel passait le plus clair de son temps avec les enfants, à les servir ou à jouer avec eux.”

Promenade à La Nouvelle-Orléans (Louisiane, sud des États-Unis)

Les cases des esclaves
Les « nègres de jardin » employés comme travailleurs agricoles vivaient dans des cases regroupées dans des hameaux sur la plantation. Après leur épuisante journée de travail, ils devaient cultiver leurs propres jardins pour pouvoir se nourrir.

Maisons d'esclaves en Floride (sud des États-Unis)

LA GAZETTE
DE SAINTE-LUCIE

Vies bouleversées

Heureusement pour Samuel, Charles n'avait pas envie de perdre son jeu favori du moment, et trouvait très drôle de partager un secret avec son esclave. Ce fut lui qui proposa de continuer « à jouer à l'école ». Bien sûr, il fut plus difficile de trouver des moments de tranquillité, car Charles se méfiait, avec raison, de son frère, bavard comme le sont les petits. Mais les obstacles ne faisaient qu'exciter davantage maître et élève. Samuel faisait des progrès continus, et fut rapidement capable de lire des phrases entières. Pour l'écriture, ce fut plus ardu : il fallait apprivoiser sa main, peu habituée à des mouvements aussi fins. Mais il y parvint aussi. Maintenant, il voulait lire les fameux livres et journaux que lui interdisait M. Victor.

Sa réconciliation avec Agathe lui apporta une alliée de choix. Celle-ci, en effet, au service de Mme Lucie, entrait souvent dans sa chambre ou au salon. Elle subtilisa ainsi pour lui un livre que venait d'achever sa maîtresse. C'était un roman d'amour, qui se révéla très difficile à déchiffrer pour Samuel : il était écrit en français, et non en **créole** ! Le seul qui pouvait l'aider, là encore, c'était Charles, mais l'enfant, trop jeune,

Créole : parler né d'une langue européenne, ici le français, utilisé par les esclaves.

ne connaissait pas tous les mots que lui demandait Samuel, et celui-ci, par prudence, ne pouvait pas lui révéler son « emprunt ». Toujours est-il que, même sans tout comprendre, l'apprenti lecteur saisissait bien de quoi il était question, et faisait des rapprochements troublants avec les émotions qu'il ressentait auprès d'Agathe. Les deux jeunes gens avaient grandi, mûri, et leur amitié avait évolué. S'ils se disputaient encore au sujet de M. Victor, c'était maintenant la jalousie qui animait Samuel, et en même temps, il comprenait si bien le désir de liberté d'Agathe ! Mais lui ne croyait pas à son doux rêve, et estimait le maître trop méchant pour affranchir même un de ses enfants.

Si son premier roman lui avait révélé l'amour, Samuel ne saisissait pas bien en quoi la lecture pouvait être dangereuse. Il demanda donc à Agathe les journaux que lisait M. Victor. Celui qu'elle lui apporta avait pour titre *La Gazette de Sainte-Lucie*, et parlait de faits ou de personnages encore plus éloignés de lui : la France, le Roi, le droit sacré à la propriété – attaqué par des brigands à Paris ; ici en Martinique les **libres de couleur** pris de folie qui prétendaient à l'égalité avec les Blancs…

Libre de couleur : affranchi noir ou mulâtre, ou l'un de ses descendants.

Mais même s'il ne saisissait pas clairement les phrases du journal, tous ces mots lui rappelaient avec force les discussions de la cuisine. Les visiteurs de Ti'Louis, surtout ceux du Carbet, faisaient état de la fièvre qui montait, de

violences entre les Blancs et les gens de couleur, et entre les Blancs eux-mêmes – les grands planteurs et les gens des ports.

– Les seuls qu'ont pas droit à la parole, comme toujours, c'est nous autres, disait l'un, noir comme l'ébène.

– Et encore, il paraît que sur l'habitation Portille, il y a eu du **gaoulé** ces jours derniers. Un commandeur y a laissé sa peau, et le maître, il a tout juste réussi à s'enfuir.

Gaoulé : chahut, désordre. C'est aussi une danse.

– Chez Desserre, c'est le maître qu'a distribué les coutelas et les fusils, pour défendre nos droits, il disait. Le Roi, il nous avait affranchis, là-bas à Paris, et ceux qui prenaient les armes avec lui, ils seraient affranchis.

– C'est vrai ?! Mais alors pourquoi nous autres on n'irait pas aussi ?

Et plus Samuel lisait, et comprenait ce qu'il lisait, mieux il saisissait pourquoi M. Victor lui avait interdit de lire ! On avait des informations précises dans le journal, on apprenait comment pensaient les Blancs, on entrevoyait un pays lointain où certains parlaient de liberté, et même d'égalité ! Toutes choses à peine imaginables ici.

La vie continuait sur l'habitation, et la taille d'Agathe se mit à épaissir. Cela eut pour effet d'éloigner M. Victor de la jeune femme, mais n'empêcha pas Samuel d'en être malade de jalousie. Quand son ventre fut bien rond, qu'aucun doute ne fut plus permis, Mme Lucie gifla un peu et s'indigna beaucoup :

– Comment ! Enceinte ! Toi qui n'es pas mariée ! Que fais-tu des commandements du Christ ? Moi qui te faisais confiance, tu avais l'air si sérieuse !

Agathe, à genoux sous ce déluge d'accusations, perdit la tête et nomma M. de Saint-Bris. Que n'avait-elle pas fait là ! Mme Lucie devait bien se douter que son mari la trompait sans **vergogne**, mais se l'entendre dire en face, qui plus est par une esclave !

Vergogne : honte, gêne.

Comme souvent, M. Victor n'était pas là, et Mme Lucie régla seule la question. Elle fit appeler Gros-Jean, l'aide de Toine, qui planta quatre piquets dans le sol pour y attacher Agathe. Comme elle était enceinte, il prit la peine de faire un trou pour qu'elle y case son ventre, et il l'attacha, nue, membres écartés, face contre terre. Puis il la fouetta,

consciencieusement, sous l'œil satisfait de la maîtresse. Dans la cuisine, Samuel sanglotait amèrement, tandis que Nicole tentait de le consoler à sa manière :

– Qu'est-ce qu'elle croit, la jeunesse ? Que la vie est facile ? Que le maître va l'aider ? Le maître, c'est un homme comme les autres, sauf qu'il peut tout se permettre parce qu'il est blanc...

Quand Agathe eut reçu ses soixante coups de fouet, la maîtresse fit enduire ses plaies à vif de **pimentade**, pour éviter les infections, paraît-il. Pour augmenter le supplice, oui, tant la brûlure en était intolérable.

Pimentade : mélange à base de piment et de sel.

Le jour même, on déménagea Agathe aux champs. Elle resta quelques jours dans sa case, sans même qu'on l'attache, car elle était dans l'incapacité totale de bouger. Ensuite, elle prit sa place derrière les coupeurs de cannes.

Le soir et le dimanche, Samuel retrouva le chemin des cases-nègres. Il venait voir Agathe, la consoler, caresser son ventre tendu, parler au bébé qui lui avait valu tant de misères...

Ce fut aussi l'occasion de revoir Christophe, dont il s'était un peu éloigné. Ce dernier avait repris goût à la vie grâce à Sourougou, baptisée entre-temps Justine. Ils n'avaient pas perdu de temps, tous les deux, et avaient déjà un enfant, Martin, que Justine gardait au sein dès qu'elle le pouvait : le reste du temps, elle travaillait, et

Martin était sous la garde de Zoé, comme les autres négrillons. Samuel se demanda même si un deuxième n'était pas déjà en route… Était-ce l'effet de sa paternité ? Les idées de Christophe avaient pris un tour qui déplaisait fortement à Samuel :

– Vois-tu, frère, lui expliqua-t-il, nous mourrons ici, c'est sûr. Nous ne retournerons plus sur la terre de nos ancêtres. Alors il faut se faire la meilleure vie possible.

– C'est-à-dire ? demanda Samuel, méfiant.

– Qui a la meilleure vie ici ? C'est Toine !

– Toine ?! Mais c'est une brute sans cœur !

– Mais non, il surveille simplement le travail, c'est tout. Et il a raison, tu sais. Tous ces nègres, c'est rien que des fainéants…

Voilà donc où en était son frère, son héros, toujours prêt à se battre, à se révolter quand il était jeune ! Ah, il avait bien changé !

Que la vie était donc étrange ! Lui, Samuel, qui avait si souvent plié, cherché à s'adapter, la colère grondait maintenant si fort en lui que Mme Lucie en vit le reflet dans ses yeux. Elle lui retira le service des enfants, pour l'envoyer aux écuries. Les protestations de Charles n'y firent rien, elle avait trop peur de ce regard brûlant.

Samuel en fut soulagé : finalement, la familiarité avec les maîtres n'était qu'un piège.

TRANSPORTÉS COMME DES MARCHANDISES, les esclaves, vendus à de nouveaux maîtres, étaient considérés comme des animaux à dresser. Les tâches exigées d'eux étaient presque insupportables, et la solution imaginée pour les forcer à travailler était de les terroriser.

Les droits du maître
D'après la loi (par exemple le *Code noir* édicté en France par Louis XIV en 1685), le maître avait le droit de battre ou d'enchaîner ses esclaves, mais pas de les torturer ni de les mutiler. Ce n'était d'ailleurs pas son intérêt : il fallait que l'esclave puisse continuer à travailler ensuite.

Le châtiment du fouet
Pour battre les esclaves, le fouet était le plus souvent employé. La douleur, très vive sur le moment, durait très longtemps, jusqu'à ce que les plaies cicatrisent.

Châtiment du cep : planche munie de trous qui maintenait prisonniers les membres des esclaves pendant des jours, voire des semaines.

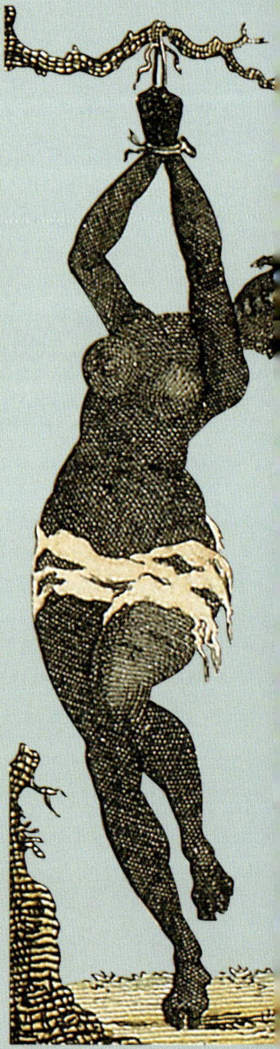

Une majorité d'esclaves
Aux Antilles les esclaves étaient bien plus nombreux que les colons. À Saint-Domingue, par exemple, il y avait 480 000 esclaves, pour 30 000 colons blancs : soit quelque 16 esclaves pour un colon.

Le traitement réservé aux esclaves
Les esclaves n'étaient pas considérés comme des êtres humains, au mieux on les traitait comme des enfants. Il paraissait normal de leur infliger pour toute désobéissance des punitions, certaines très cruelles. Les planteurs craignaient par-dessus tout les révoltes qui, vu le grand nombre d'esclaves, pouvaient se révéler très dangereuses. Aussi le moindre signe de rébellion était-il très sévèrement châtié.

Esclaves portant le collier de fer réservé aux « marrons »

Le châtiment du fouet

“Il l'attacha, nue, membres écartés, face contre terre. Puis il la fouetta, consciencieusement, sous l'œil satisfait de la maîtresse.”

Nègre « marron » poursuivi par des chiens

Les « marrons » Les esclaves en fuite étaient appelés « marrons », d'après un mot espagnol signifiant « indompté ». Une fois rattrapés, ils devaient porter un collier en fer avec des clochettes, qui permettait de repérer leurs déplacements et les empêchait ainsi de s'enfuir à nouveau.

En ville

Les bouleversements qui avaient affecté la vie des deux frères étaient dans l'air du temps : rien n'était plus comme avant, ce n'étaient partout que discussions enfiévrées, empoignades, mouvements de révolte et même la guerre. C'était la **Révolution** en France, et dans les Îles aussi. Il y avait de quoi échauffer les esprits ! Et effrayer les colons...

Avant même la naissance du petit Louis, le premier bébé d'Agathe, les Saint-Bris rejoignirent l'Angleterre (puisque la France était désormais interdite aux **ci-devant**). Peu après, la Martinique devenait anglaise, juste à temps pour les planteurs, qui échappaient ainsi à l'**abolition** de l'esclavage, votée en février 1794 par la **Convention** !

Sur l'habitation, la grand-case fut occupée par

Révolution : changement de régime politique entre 1789 et 1799, qui mit fin à la monarchie.
Ci-devant : nom donné par les républicains aux membres de la noblesse.
Abolition : suppression totale.
Convention : assemblée élue (1792-1795) qui fonda la Ire République et gouverna la France sous la Révolution.

un régisseur, Aimé Lalande, qui se révéla moins dur et plus juste que les propriétaires : sans doute un de ceux qui avaient compris que même des esclaves peuvent se révolter, et que les bons traitements apportent souvent de meilleurs résultats que les mauvais.

À la mort de Toine, emporté par une fièvre **maligne**, Christophe fut promu commandeur. Il garda le fouet de Toine, mais, avec l'accord de M. Aimé, laissa dans leur cage les **molosses**, qui lui avaient toujours répugné. La vie de Justine ne changea guère, sinon qu'avec son quatrième enfant, elle put profiter d'une journée de liberté en plus du dimanche, qu'on lui retira sans hésiter quinze mois plus tard, à la mort de sa petite

Maligne : mortelle.
Molosse : gros chien de garde.

dernière, Amélie, emportée par une **pleurésie**.

Quant à Samuel, M. Aimé se rendit vite compte de son intelligence, et chercha à en tirer profit. Plutôt que le laisser **végéter** sur l'habitation, il décida de l'envoyer travailler en ville comme cocher. Il acheta une calèche avec une paire de chevaux qu'il confia à l'esclave pour qu'il puisse louer ses services, soit à la course, soit à la journée. Malgré ses scarifications, Samuel était assez bel homme pour ne pas effaroucher Européens et créoles. C'est ainsi qu'il partit vivre à Saint-Pierre, de mauvais gré d'abord : il laissait Agathe.

Pleurésie : maladie de la plèvre (membrane qui entoure les poumons).
Végéter : vivre avec une activité réduite, ici en dessous de ses capacités.

Elle ne travaillait plus aux champs, avec son dos qui ne

s'était jamais tout à fait remis depuis les soixante coups de fouet, mais comme gardienne de l'infirmerie, et elle était enceinte d'un deuxième enfant, de Samuel cette fois. Pendant un certain temps, celui-ci pensa sérieusement à **marronner**, à quitter tout de bon ville ou habitation pour prendre sa liberté. Mais, le temps d'hésiter (c'était quand même se mettre hors la loi, et risquer de terribles châtiments), il découvrit que la vie dans la grande ville avait trop d'attraits pour qu'il songe davantage à en partir. Bien sûr, il revenait chaque semaine donner le prix de ses courses à M. Aimé, sauf la petite partie qu'il utilisait sur place pour être logé et nourri, sur laquelle il arrivait encore à faire des économies. Il en profitait pour voir son Agathe et l'aimer tout son saoul. Elle lui manquait tellement en ville ! Contrairement à beaucoup de ses compagnons de misère, Samuel avait eu la chance de rencontrer tôt la femme de sa vie, et de n'en avoir pas été séparé tout de suite par la vente de l'un ou l'autre. C'était monnaie courante sur les habitations, et cela donnait aux esclaves l'habitude d'aller d'une femme à l'autre, d'un homme à l'autre : à quoi bon se lier ? Mais ce n'était pas la politique de l'habitation Saint-Bris, et c'était tant mieux pour les ménages qui s'y formaient, pour les enfants qui y grandissaient. Et Samuel était si attaché à Agathe, ainsi qu'au petit Louis, qui pourtant était presque aussi blanc que lui-même était noir, qu'il ne lui serait

Marronner : s'échapper, s'enfuir dans les mornes (montagnes et collines qui couvrent une grande partie de l'île).

jamais venu à l'idée d'aller voir une autre femme. Son seul désir, son obsession presque, c'était d'arriver à racheter un jour son épouse et ses enfants. Il mettait soigneusement de côté le moindre pourboire, la plus petite économie, regardant grandir trop lentement son petit **pécule**.

Pécule : petite somme d'argent économisée.

Mais ce n'était pas là le seul attrait de la ville.

On en croisait du monde, à Saint-Pierre ! Il y avait d'abord les messieurs-dames qu'il transportait d'un bout à l'autre de la ville. Et il s'en disait des choses dans sa calèche ! Parfois ce n'étaient que des rendez-vous d'amour, et Samuel pensait avec nostalgie à Agathe. Mais d'autres fois, ça se mettait à discuter ferme derrière lui, surtout les hommes, parfois même le ton montait haut : les Blancs n'étaient pas toujours d'accord entre eux ! Là, ça devenait intéressant : ils parlaient d'affaires, de politique, et apprenaient à Samuel, qui tendait l'oreille, les dernières nouvelles des Îles, et même d'Europe.

Et puis il y avait tous les nègres ou mulâtres qui travaillaient dans la rue. Quelques-uns étaient libres, beaucoup étaient loués comme lui. Il y avait même quelques petits Blancs qui exerçaient aussi un métier modeste : porteur, docker, vendeur...

Peu d'hommes parmi cette population (et c'était vrai même pour une partie des Blancs) comprenaient bien le français, encore moins savaient lire ou écrire. La plupart des gens parlaient créole. Mais, malgré les quelques années de **gouvernement anglais**, le français restait la langue des planteurs les plus cultivés. Voilà pourquoi, même pendant les périodes anglaises, les journaux français parvenaient en Martinique.

Un petit groupe se forma rapidement autour de Samuel : on lui apportait les journaux abandonnés sur un coin de table, au café ou dans une hôtellerie, c'est lui qui les déchiffrait, les expliquait, et les discussions qui suivaient ressemblaient à celles qui pouvaient avoir lieu à Paris, à la même époque…

On parlait des questions qui agitaient le petit monde de la Martinique. Liberté pour les esclaves ? Mais alors que devenait le droit à la propriété des planteurs ? Égalité ? Entre libres et esclaves ? Absurde ! Entre les hommes libres ? Ainsi donc, Blancs et Noirs pourraient être égaux ? Pensée révoltante pour les Blancs, presque autant pour les mulâtres, fiers de leur peau claire. Très vite, les hommes s'affrontaient, le plus souvent en fonction de la couleur de leur **épiderme**.

Gouvernement anglais : la Martinique est gouvernée par l'Angleterre de 1794 à 1802, de 1809 à 1814, et en 1815.
Épiderme : peau.

Ainsi passait le temps, avec des grondements, des affrontements, qui dégénéraient parfois. Mais la révolution n'avait toujours pas pénétré en Martinique.

Et la vie sur les habitations ne changeait guère, toujours

rythmée par le **lambi** qui appelait au travail, par les naissances et les morts.

La mort frappait souvent : vieillesse, fatigue, **langueur**, maladie. Sur l'habitation Saint-Bris, elle n'était plus due aux châtiments excessifs. C'était déjà bien ! Et la maladie frappait moins depuis que M. Aimé faisait systématiquement soigner les malades à l'infirmerie. Il envoya même par la suite Agathe à **Fort-Royal** pour qu'elle soit formée par une sage-femme infirmière venue de France. Et le **mal de mâchoire**, qui avait tué tant de nouveau-nés, disparut comme par enchantement. Dire que tant de mères et de sages-femmes avaient été cruellement punies, soupçonnées d'avoir provoqué elles-mêmes la mort des enfants ! Si c'était vrai pour certaines, celles qui arrivaient d'Afrique surtout, qui n'imaginaient pas laisser grandir leurs enfants dans les tortures de l'esclavage, ce n'était pas la généralité : l'appel de la vie est si fort !

Lambi : gros coquillage qui, lorsqu'on souffle dedans, produit un bruit très sonore.
Langueur : dépérissement, affaiblissement attribué au chagrin.
Fort-Royal : aujourd'hui Fort-de-France.
Mal de mâchoire : tétanos infantile, dû au manque d'hygiène lors des accouchements. Ainsi nommé à l'époque, car la mâchoire était la première partie du corps du bébé touchée par le mal.

Quant aux naissances, elles furent nombreuses chez Justine et Christophe : neuf en tout, mais deux enfants moururent en bas âge. Il en restait sept : trois garçons – Martin et Lucien, les aînés, et le petit Simon – et quatre filles – Zabelle et Cathie, Julie et Marie-Zoé.

Agathe, peut-être parce qu'elle voyait moins son

Samuel, n'avait mis au monde que trois enfants, tous restés en vie : elle avait bien failli perdre le premier, Louis, le fils de M. Victor, à cause des coups de fouet, mais il avait survécu, faible et malingre, toujours grognon depuis l'enfance ; les deux autres, Mariette et Joseph, semblaient plus heureux de vivre. Pourtant Samuel s'occupait de Louis comme des siens, l'ayant adopté de tout son cœur : pour lui, il était d'abord et avant tout le fils d'Agathe.

À LA FIN DU XVIIIe SIÈCLE, un mouvement pour l'abolition de l'esclavage naquit en France et en Angleterre. La traite fut interdite par l'Angleterre en 1807, alors que de grandes révoltes éclataient aux Antilles : en 1791 à Saint-Domingue, et en 1831 en Jamaïque.

Première révolte
En 1791, les esclaves de Saint-Domingue formèrent une armée qui obtint l'abolition immédiate et sans conditions de l'esclavage en août 1793, pour la première fois dans l'histoire.

Capture d'un bateau négrier

La fin de la traite
À partir de 1830, l'Angleterre et la France se mirent d'accord pour faire la chasse aux navires négriers. Pourtant, seulement environ 4% de ces navires furent pris, et le trafic continua, en diminuant, jusqu'à la fin du XIXe siècle.

Toussaint-Louverture (1743-1803)

Toussaint-Louverture
Esclave affranchi, il devint planteur et prit la tête de la révolte de Saint-Domingue en 1791. Bonaparte le fit arrêter en 1802. Emprisonné au fort de Joux (Jura), il mourut un an plus tard.

La première abolition
Elle fut décrétée par la Ire République française le 14 février 1794. Mais, sous la pression des planteurs, l'esclavage fut rétabli par Bonaparte le 20 mai 1802.

Révolte à Saint-Domingue en 1802

> « Rien n'était plus comme avant, ce n'étaient partout que discussions enfiévrées, empoignades, révoltes. »

William Wilberforce (1759-1833)

Wilberforce
Fondateur de la Société pour l'abolition de la traite, en Angleterre, il atteignit son but en 1807. Continuant son combat il obtint, en 1833, l'abolition de l'esclavage dans les colonies anglaises.

L'indépendance de Saint-Domingue
Lorsque Bonaparte rétablit l'esclavage en 1802, les esclaves de Saint-Domingue et de Guadeloupe se révoltèrent une nouvelle fois. À la Guadeloupe, ils furent vaincus mais, à Saint-Domingue, les révoltés remportèrent la victoire. L'île devint indépendante le 1er janvier 1804, et reprit son nom d'Haïti, « montagne dans la mer ».

Célébration de la première abolition en France en 1794

Révoltes

La vie suivait ainsi son cours quand un revenant révolutionna la plantation : Charles, Charles de Saint-Bris, le « précepteur » de Samuel, était de retour ! L'enfant de onze ans était à présent un assez bel homme de vingt-neuf ans, aussi grand que son père, mais plus fin. Manifestement, il gardait de l'habitation des souvenirs heureux, sans doute en comparaison de la vie agitée qu'il avait connue par la suite. Il retrouva avec plaisir les esclaves de case qui étaient toujours là : Nicole, Blaise, d'autres encore. Mais Samuel était absent, et Charles, déçu, dut attendre le samedi soir pour le rencontrer.

Avant cela, il eut la surprise de voir se présenter devant lui un jeune esclave à la peau très claire, dont les traits ne lui étaient pas inconnus : pourtant, l'autre n'avait guère plus de dix-huit ans, et n'était peut-être même pas né quand il avait quitté l'habitation !

– Qui es-tu ? Que me veux-tu ? demanda Charles après un temps d'hésitation.

– Vous ne me reconnaissez vraiment pas ? Pourtant, tout le monde dit que je ressemble à mon père… Comme vous.

Sous le coup de l'émotion et de l'effort, le visage de l'esclave s'était marbré de plaques rouges.

– Comme moi ? Que veux-tu dire ?

Charles scrutait ce visage nouveau, déjà vu pourtant. Bien sûr ! C'étaient les traits de Victor de Saint-Bris ! Mais sans vigueur, plus mous. Le teint l'indiquait assez, c'était quelque bâtard que son père avait semé là, comme les colons en avaient la détestable habitude. Charles se sentait d'autant plus mal à l'aise que l'autre insistait.

– Je suis Louis, le fils d'Agathe, de l'infirmerie. Je suis

obligé de travailler comme tous ces Noirs, de vivre avec eux ! Vous voyez bien pourtant : je suis blanc, je suis votre demi-frère ! Notre père est parti, mais s'il était resté là, je suis sûr qu'il ne m'aurait pas abandonné à ce sort injuste...

Mais plus Louis plaidait sa cause, plus Charles se sentait éloigné de ce demi-frère tombé du ciel... ou échappé de l'enfer. Il le renvoya, remettant à plus tard le moment de prendre une décision.

Quant à l'entrevue avec Samuel, elle fut tout autre que Charles s'y attendait. Quand l'esclave pénétra dans la grande salle de l'habitation pour y rendre ses comptes de la semaine, il savait déjà qui il allait y trouver. Mais l'émotion qui l'habitait n'était pas la même que celle du maître. Celui-ci était tout heureux de retrouver un compagnon de son enfance, l'homme à qui il avait appris à lire et qui, pensait-il, était plein d'amour et de reconnaissance à son égard. Mais Samuel se souvenait de l'enfant qui l'avait laissé fouetter sans remords, et voyait devant lui un second M. Victor, image de celui qui voulait l'empêcher de lire, celui qui avait violenté Agathe et l'avait abandonnée à la haine de Mme Lucie... Les deux hommes gardèrent donc une attitude figée, la raideur de Samuel ayant stoppé immédiatement tout élan de Charles.

Puis ils échangèrent quelques mots, et Charles comprit que l'Agathe de Louis était aussi celle de Samuel.

– Ainsi cet idiot est venu quémander votre protection, fit Samuel, que cette révélation blessait.

– Je ne sais quoi faire, avoua Charles, qui espérait peut-être que sa sincérité adoucirait Samuel, dont il ne comprenait pas l'attitude. Même s'ils ressemblent à mon père, je ne peux affranchir tous ses enfants : on n'en finirait pas, et j'y perdrais tout mon **capital** !

Capital : fortune. Les esclaves ont pour les colons la valeur de biens matériels, instruments ou bétail.

– Certains esclaves n'attendent pas la décision du maître pour s'affranchir. Un jour...

– Oui ? Eh bien quoi, un jour ? Continue !

– Un esclave n'a rien à dire. Je peux sortir ?

Et Samuel planta là Charles, qui n'en revenait pas. Il

était arrivé d'Angleterre avec des idées totalement opposées à celles de ses parents, idées modernes disait-il, sans aller jusqu'à **prôner l'abolitionnisme**. Que c'était donc difficile d'avoir de bonnes intentions avec ces Noirs, qui ne comprenaient même pas où était leur bien ! C'était encore plus difficile quand ces Noirs représentaient une part importante de sa fortune...

Finalement, Charles ne changea pas grand-chose à la marche de l'habitation, sauf pour Louis. Sans se laisser vraiment attendrir par le jeune homme, il mit fin à ses incessantes prières et **jérémiades** en le laissant libre de fait, et en lui donnant le choix entre une parcelle de plantation à cultiver ou la liberté d'aller travailler en ville. Louis avait assez vu la plantation, et c'est ainsi que, sans l'avoir cherché, il se retrouva à travailler à Saint-Pierre, non loin de Samuel, mais toute relation entre les deux hommes était désormais rompue.

Prôner l'abolitionnisme : défendre l'idée que l'abolition de l'esclavage est la seule voie possible.
Jérémiades : plaintes larmoyantes.

Les belles idées de Charles résistèrent mal aux nécessités de la plantation, aux idées de ses voisins, aux anciennes habitudes...

Les enfants continuèrent de grandir, les adultes de vieillir, dix ans passèrent...

À force de gronder, les terres de l'esclavage commençaient à se fissurer. Au début des années 1820, on parlait

des Îles à Paris ou à Londres, on parlait d'égalité pour les libres de couleur, on parlait – beaucoup moins – de liberté pour les autres. Et les planteurs se vengeaient sur tous les hommes de couleur, libres ou esclaves, et ces derniers commençaient à secouer le **joug**, à montrer leur colère. Les quimboiseurs pratiquaient envoûtements et sortilèges, le poison faisait des ravages sur les plantations.

À Saint-Bris, il y eut quelques morts suspectes. Christophe, le commandeur, fier de son autorité, plus rigide encore à cinquante ans qu'à trente, était aussi haï que respecté. Il fut l'un des premiers à mourir empoisonné. Charles fit alors venir d'un élevage de Sainte-Luce une paire de molosses monstrueux, qui prirent place aux pieds du nouveau commandeur.

Martin, le fils aîné de Christophe et Justine, réussit à entrer dans la **milice noire** : il voulait venger son père. Lucien, au contraire, son frère cadet, rebelle depuis l'enfance, s'enfuit une nuit après avoir été fouetté. Il partit en courant dans les mornes. Les chiens, lâchés au petit matin, mirent du temps à le rattraper : c'est qu'il avait pris de l'avance ! Il revint déchiqueté par leurs crocs, entravé par des cordes, presque mort sous les coups : normal pour un *marron* ! Agathe était en larmes en recevant son neveu en si piteux état à l'infirmerie. Elle prévint Samuel qui, exceptionnellement, sortit de sa

Joug : pièce de bois posée sur la tête du bœuf pour l'atteler à la charrue. D'où : contrainte, domination.

Milice noire : troupe de police levée par une autre collectivité que l'État. Ici, troupe formée de Noirs volontaires, payés, aux ordres des colons.

réserve et intercéda auprès de Charles pour que la punition de Lucien s'arrête là.

Les deux hommes avaient changé. Charles était rentré sagement dans son rôle de propriétaire, mais avait toujours une vision lumineuse de son enfance, et une certaine tendresse pour Samuel. L'esclave, vieilli, amer, voyait bien qu'il n'avait plus assez de temps à vivre pour réaliser son grand rêve : affranchir sa femme et ses enfants – enfin, Mariette et Joseph, ceux qui lui restaient, puisque Louis l'avait rejeté. Il ne croyait pas aux bonnes intentions de Charles, il était sûr – il espérait même – que Lucien s'enfuirait à nouveau dès qu'il le pourrait. Et s'il intervint auprès du maître, c'est qu'il souhaitait que son neveu réussisse à marronner et connaisse la liberté. Pour lui, il était trop tard.

Pourtant, quand les mouvements de révolte s'amplifièrent, quand on entendit de grands flots d'esclaves descendre des plantations vers la ville, Samuel ne put résister au désir de se mêler à la foule en colère. Il était avec Joseph, son plus jeune fils. Mais ce n'est pas lui qui le guidait, c'est Joseph qui l'entraînait. Des chants montaient autour de lui, en lui, plus enivrants que le rhum. Des visages près de lui, il ne distinguait que les yeux étincelants, les sourires qui découvraient des dents luisantes, prêtes à mordre. Mais la **houle** qui

Houle : large ondulation de la mer, sans déferlement de vagues.

le portait subit un brusque reflux. Les soldats, la milice était là ! Des révoltés reculaient, d'autres avançaient, armés de leurs coutelas. En face, des fusils. La terre se colora de rouge. Le milicien Martin, fier d'accomplir son devoir, visa soigneusement et tira. Joseph, éclaboussé de sang, poussa un cri sans fin : Samuel venait de tomber, touché à l'épaule.

La séparation inscrite dans la loi entre Blancs et gens de couleur ne rend pas compte de la diversité des sociétés antillaises du XIXe siècle. À coté des békés, souvent planteurs, vivaient des Blancs pauvres. Parmi les esclaves se distinguaient les contremaîtres et les « nègres à talents » travaillant en ville. De plus, de nombreux métis naquirent des relations entre les différentes populations.

Alexandre Davy de La Pailleterie, dit Dumas (1762-1806)

Bissettte
Martiniquais et métis, il prôna dès 1823 l'abolition de l'esclavage. En 1849, devenu député de la Martinique, il plaida pour une réconciliation entre les planteurs et les anciens esclaves.

Cyrille Bissette (1795-1858)

Alexandre Davy de La Pailleterie
Le père de l'écrivain Alexandre Dumas était métis, fils d'un aristocrate français et d'une esclave noire. Soldat intrépide de la République, compagnon de Bonaparte en Égypte, il devint le premier général noir de l'armée française. En mai 1802, il fut exclu de l'armée comme tous les officiers de couleur.

Des planteurs aux avis opposés
Aux Antilles, la question de l'émancipation des esclaves opposa les planteurs : les uns réclamaient une indemnisation, les autres exigeaient une libération sans conditions. Les métropoles favorisèrent l'un ou l'autre camp en fonction des circonstances.

De nouvelles religions
De la fusion entre religions catholique et africaines sont nées des religions originales : le vaudou en Haïti, le shango à Trinidad, le candomblé au Brésil. Ci-dessous, ces statuettes symbolisent le vaudou d'un dieu africain du fer et de la guerre. Les chaînes montrent comment son esprit a été réduit à l'esclavage.

Statuettes vaudoues

Orchestre noir aux États-Unis, fin XIXe siècle

« C'était quelque bâtard que son père avait semé là, comme les colons en avaient la détestable habitude. »

Bamboula aux Antilles

La musique
Dans les plantations, les esclaves mélangeaient rythmes, mélodies et instruments. Ainsi naquit, au début du XXe siècle dans le sud des États-Unis, le jazz issu du gospel (chants religieux) et du blues (complaintes des Noirs américains).

La bamboula
C'était une cérémonie qui regroupait des initiés. L'esprit des dieux se manifestait par la transe provoquée chez les participants par le rythme de petits tambours, les *babouas*.

Vers la liberté

Joseph fut arrêté et emprisonné avec son père, dont la vie ne tenait plus qu'à un fil. Pourtant, par une curieuse ironie du sort, c'est le mourant qui fut pendu après un procès vite expédié, alors que son fils bénéficia d'inexplicables **circonstances atténuantes**, et, d'abord condamné au **bannissement**, il fut finalement acquitté.

Circonstances atténuantes : faits qui peuvent expliquer, sinon justifier en partie un crime. La condamnation est alors atténuée, plus légère.
Bannissement : exil hors d'un lieu ou d'un pays, temporaire ou définitif.

Joseph revint trop tard sur la plantation pour participer au service religieux qui célébrait la mémoire de Samuel. C'est Agathe qui lui raconta.

– Tout le monde était là, ceux de la grand-case et ceux du jardin, les femmes et les hommes, les vieux et les jeunes, et même ceux que je ne connaissais pas, qui venaient de la ville. Va savoir comment ils ont appris… Ils sont arrivés en silence, pas question de courir le risque que

la milice intervienne et les renvoie ! Il faut voir comme l'église était pleine ! Les derniers sont restés debout. Et puis, tous ensemble, on a chanté et on a prié.

Agathe fermait ses yeux ourlés de larmes, et écoutait encore les voix qui se joignaient et les prières qui s'élevaient en un chant profond.

– C'est vrai, ça, si le Bon Dieu a laissé sortir d'Égypte Moïse et les siens, pourquoi nous aussi, il ne nous fait pas sortir de l'esclavage ?

Joseph, qui baissait la tête pour cacher son émotion, la releva et regarda sa vieille mère avec attendrissement : la flamme de l'espoir brûlait toujours en elle.

– Et tout le monde pleurait, même les hommes, ils se mouchaient sans arrêt. Tu sais, c'était comme s'il était avec nous…

« Oui, le cœur et l'esprit de Samuel devaient emplir la chapelle », pensa Joseph.

Après cela, la vie d'Agathe devint bien triste. Non seulement elle n'avait plus son homme, mais elle était déchirée entre ses deux garçons. Louis et Joseph se haïssaient désormais. Chacun voulait sa mère pour lui, chacun voulait qu'elle chasse l'autre. Après une dispute plus violente que les autres, comme Agathe ne savait que pleurer et que Mariette prenait le parti de son « petit » frère, Louis quitta la plantation « pour ne plus jamais revenir », jura-t-il.

Ce départ précéda de peu celui de Joseph pour la ville, comme Samuel autrefois. Quant à Mariette, cela faisait beau temps qu'elle avait quitté la case maternelle. À vingt-sept ans, c'était une jolie femme au caractère décidé, autour de laquelle tournaient beaucoup d'hommes, sans qu'elle en accepte aucun définitivement. Elle avait déjà deux enfants, seule consolation d'Agathe, qui les gardait volontiers pendant que sa fille travaillait à la grand-case.

La famille de Christophe était encore plus dispersée. Justine mourut juste un an après Christophe. Lucien se remettait mal de toutes ces morts : son père, son oncle, sa mère maintenant. Il avait appris par Joseph le rôle de Martin, qui avait blessé Samuel et permis son arrestation. Lui admirait son oncle. Les deux frères s'entendaient déjà mal, et la rupture fut totale. Lucien s'échappa à nouveau dans les mornes, et réussit cette fois à rejoindre un camp de marrons sans être repris. On y vivait de maigres cultures et de **rapines**, toujours sur le qui-vive, mais au moins on était libre !

Rapines : vols, pillage.

Comme toujours, les filles s'étaient éloignées au fil du temps, chacune prise par un homme, par son travail, par ses enfants. Zabelle, à trente ans, était déjà usée par la vie ; Cathie était partie, vendue au propriétaire de son compagnon. Elle perdait au change, car son nouveau maître était connu pour sa dureté. Quant à Julie, la plus belle des sœurs, un Français de passage s'était entiché d'elle, l'avait rachetée et emmenée en France avec lui. Ne restaient plus sur l'habitation que Zabelle, l'aînée, et les deux derniers, Simon et Marie-Zoé.

À partir des années 1830, Joseph vécut dans l'effervescence. Charles lui avait trouvé un travail à la Comédie, le théâtre de Saint-Pierre alors en plein réaménagement. Homme à tout faire à ses débuts, il fut vite remarqué pour ses aptitudes. En digne fils de Samuel, il savait lire et écrire couramment, et obtint de ce fait un poste auprès de l'**économe**. Or le théâtre de Saint-Pierre n'était pas seulement le haut lieu de la culture en Martinique (il accueillait les plus grands artistes européens), mais aussi celui de l'agitation politique. Joseph entendait s'échanger idées nouvelles ou provocations en duel, assistait à des disputes qui se terminaient en émeutes, participa à un Carnaval qui alluma des incendies dans les habitations proches…

Économe : personne chargée de la gestion matérielle d'un établissement. Aujourd'hui, pour un théâtre, on parle de régisseur.

Chez lui, il retrouvait avec fierté Nanou, sa femme (ils s'étaient vraiment mariés, à l'église de l'habitation Saint-Bris, devant des témoins), et son Ti'Samuel, ainsi nommé en souvenir de son père. Souvent, quand il regardait l'enfant dormir, il lui murmurait :

– Je te jure que tu ne connaîtras pas le sort de ton grand-père ! Toi, tu seras libre et on te respectera. Tu seras quelqu'un.

D'ailleurs Nanou, libre de fait, fut officiellement affranchie par son ancien maître peu après que la **taxe** fut supprimée, en 1832, et Ti'Samuel en bénéficia aussi.

Taxe : impôt. Jusqu'en 1831, il fallait payer pour affranchir son esclave, ce qui explique le nombre de libres *de fait*, c'est-à-dire sans papiers officiels.

Seul de la famille, Joseph restait esclave, même si sa situation n'avait rien à voir avec celle de sa sœur Mariette ou de ses cousins restés sur la plantation. Son statut d'esclave de ville, toutefois, lui valait fréquemment d'être pris à partie quand il rejoignait son logis : contrôles de police, insultes, coups parfois. Mais cela ne faisait que renforcer son désir de liberté et d'égalité.

Plusieurs fois, le théâtre dut être fermé à cause des troubles. Mais en 1836, Joseph put contempler des coulisses un tableau qui lui fit venir les larmes aux yeux : pour la première fois, des hommes de couleur étaient là, dans la salle, assis à côté des Blancs, à attendre que les lumières s'éteignent, que le spectacle commence... Bien sûr, cela ne concernait que des libres ; bien sûr, ceux-ci étaient riches et avaient eux-mêmes des esclaves. Mais cela aurait dû se réaliser depuis 1830, date à laquelle toute discrimination entre hommes libres avait été interdite depuis la France. Or il avait fallu attendre ces six années, et ce qui était acquis à Saint-Pierre ne l'était pas encore dans toute la Martinique ! Une barrière pourtant était en train de tomber.

Mais l'essentiel se passait à Paris, loin de Saint-Pierre, et Joseph ne pouvait suivre l'actualité que par les journaux français qu'il récupérait ici ou là. **Cyrille Bissette** avait déjà provoqué en 1823 la colère des colons blancs en faisant distribuer, grâce à des amis français, un petit ouvrage sur la situation des gens de couleur – libres bien entendu. Condamné en Martinique et exilé en France, il continuait à plaider la cause des libres de couleur ET celle des esclaves. Entre autres, il demandait la suppression totale du fouet ! Quand il lut cette information pour la première fois, Joseph en frissonna. Des images défilaient dans sa tête, scènes vues ou racontées : son père, sa mère, Lucien, tant d'hommes et de femmes qui avaient souffert, parfois par refus de se soumettre, parfois sur un simple caprice du maître. Le fouet était vraiment l'instrument par excellence, le symbole haï, de l'esclavage.

Cyrille Bissette : homme politique martiniquais (1795-1858).

Il fallut attendre les années 1840 pour voir la situation bouger vraiment. Le plus frappant pour les esclaves, ce furent les « procès pour sévices » ! Non seulement il était désormais interdit aux maîtres de torturer leurs esclaves, mais ceux qui le faisaient quand même étaient jugés et...

condamnés ! Si ceux de Saint-Bris ne connurent pas de changement notable, car l'héritier de Charles se montrait peu enclin à la cruauté, pour d'autres, comme Cathie, ce fut une véritable révolution.

Et puis l'éducation des esclaves ! Les colons préféraient se contenter de leur faire donner une instruction religieuse, mais l'instruction élémentaire fit son apparition. Joseph, lui, n'avait pas attendu cela pour envoyer son Ti'Samuel à l'école, chez les bons pères de la Mission. Comment devenir « quelqu'un », sinon ? Le jeune homme en était tellement persuadé, lui aussi, qu'il avait continué à étudier, encouragé par ses maîtres, pour enseigner à son tour.

Enfin, depuis quelques années, on lisait de plus en plus souvent dans les journaux un nouveau nom, celui de Victor Schœlcher, abolitionniste actif et convaincu...

EN 1848, **dans les colonies françaises, en 1865, aux États-Unis, l'esclavage fut aboli. Ce fut le résultat du combat des abolitionnistes blancs et noirs, des révoltes des esclaves, et, pour les États-Unis, d'une terrible guerre civile : la guerre de Sécession.**

La bataille de Gettysburg aux États-Unis
Ce fut l'une des batailles les plus sanglantes de la guerre de Sécession (1861-1865). Face à face : les confédérés des États du Sud, opposés à l'abolition de l'esclavage, et les fédéraux des États du Nord, favorables à l'abolition. Le Nord triompha mais les pertes furent considérables : au total, 51 000 soldats furent tués en trois jours.

La bataille de Gettysburg en 1863

« Je te jure que tu ne connaîtras pas le sort de ton grand-père ! Toi, tu seras libre et on te respectera. »

Frederick Douglass
Né aux États-Unis d'une esclave noire et d'un maître blanc, lui-même esclave, il s'enfuit à 21 ans. Professeur et journaliste, il écrivit son autobiographie. Toute sa vie, il a combattu l'esclavage et défendu l'égalité entre Noirs et Blancs.

Frederick Douglass (1817-1895). Il fut consul général des États-Unis en Haïti de 1889 à 1891.

Célébration aux Antilles de la fin de l'esclavage, grâce à la loi de Victor Schœlcher

L'abolition de l'esclavage en France
Militant républicain, Victor Schœlcher (1804-1893) fut membre du gouvernement de la IIe République (1848-1851). Il fit signer le décret du 27 avril 1848 proclamant une abolition « immédiate et complète » de l'esclavage. Le décret prévoyait l'indemnisation des propriétaires mais les esclaves libérés, eux, ne recevaient ni terres ni indemnités.

Soldat du Nord retirant ses chaînes à une esclave

Les origines de la guerre de Sécession
Les États du Nord des États-Unis, dominés par les industriels, avaient besoin de main-d'œuvre et de terres et prônaient l'abolition de l'esclavage. Les États du Sud, dominés par les planteurs, s'y opposèrent et réclamèrent leur autonomie.

Lecture de la Proclamation d'Émancipation

La fin de la guerre
En 1863, le président Lincoln proclama l'émancipation de tous les esclaves.
Ceci favorisa la victoire finale des États du Nord. La guerre prit fin deux ans plus tard, elle fit plus de 600 000 morts (pour une population de 31 millions d'habitants).

1848

À la fin mars, on apprend dans les Îles que la **République** a été proclamée en France le 25 février (il faut plus d'un mois aux navires pour traverser l'Atlantique) et qu'on travaille à Paris pour obtenir la liberté des esclaves ! La nouvelle se répand comme une traînée de poudre, c'est l'effervescence en ville et sur les habitations. À Saint-Bris, le nouveau régisseur a le sentiment d'être assis sur un volcan. Il préfère faire interrompre le travail des esclaves pour s'expliquer avec eux. Certains veulent tout de suite un salaire, d'autres sont prêts à partir.

République : il s'agit de la IIe République qui dura jusqu'au 2 décembre 1852.

– Pour aller où ? demande le régisseur.

– N'importe où, hurle Simon, pour être libres !

– Et ne plus voir la plantation, ajoutent ses compagnons.

À force de patience et avec l'aide des femmes, plus proches de la réalité (ce sont elles qui s'occupent des enfants), le régisseur les convainc qu'ils ont aussi besoin de manger et de se loger, qu'ils ne trouveront cela qu'à Saint-Bris – à condition de reprendre le travail –, et qu'il faut attendre les résolutions du nouveau gouvernement. Dans l'immédiat, il propose une heure de repos en plus dans la journée, et un peu d'argent avant le salaire définitif.

Les négociations ne se passent pas partout aussi bien.

Dans certaines plantations, on *déserte,* on cesse le travail. Des conflits éclatent ici et là, les incidents se multiplient. La discipline se maintient de plus en plus difficilement.

Et c'est l'explosion : le 22 mai, Joseph croise un flot ininterrompu de manifestants qui envahit Saint-Pierre. Il oblique aussitôt pour les suivre, mais se heurte vite à la tête du cortège qui fait demi-tour.

– Qu'y a-t-il ? Que se passe-t-il ?

De partout on hurle la même question, mais dans le vacarme, on ne s'entend pas. Enfin, résonne clairement :

– L'abolition immédiate ! Le Conseil municipal demande au maire l'abolition immédiate !

Enthousiastes, les manifestants quittent Saint-Pierre avec des chants et des cris de joie. Joseph, lui, va retrouver Ti'Samuel, marié depuis peu et qui n'ose abandonner sa femme, près d'accoucher. C'est son fils qui l'accueille, car la frêle Antoinette semble incapable de soutenir son ventre démesurément arrondi.

– Ah, mes enfants ! Ça y est ! L'abolition doit être prononcée d'une minute à l'autre ! Et toi, ajoute-t-il en s'adressant au ventre de sa belle-fille, attends un peu, pour naître en terre de liberté !

– Chut, Papa, dit en riant Antoinette, vous allez l'effrayer, et il ne voudra plus sortir du tout !

Ti'Samuel ému ne sait plus qui serrer dans ses bras, de son père ou de sa femme.

Mais il était trop tôt pour se réjouir : à la suite de malentendus, d'erreurs grossières, des coups de feu furent échangés, les émeutes reprirent, on massacra des innocents et cette journée finit dans un bain de sang.

Ce n'est que le lendemain que le gouverneur, après le vote du Conseil municipal, proclama officiellement l'abolition de l'esclavage à la Martinique. Le même jour naissait chez Ti'Samuel et Antoinette une petite fille, qu'ils nommèrent Liberté.

Le 3 juin, quand le délégué martiniquais débarqua pour annoncer que l'abolition avait été votée à Paris le 27 avril, et devait être mise en application le 27 juin, tout était fini !

Épilogue

Cinq ans plus tard, on frappait à la porte de Joseph. Il ouvrit et, surpris, considéra longuement le nouvel arrivant qui semblait tout essoufflé. Il avait l'impression de l'avoir déjà vu, mais où ? Et quand ?

– Ah, mon oncle, je vois bien que tu ne me reconnais pas. Je suis Pierrot, le fils de ton vieux cousin Lucien.

– Pierrot, c'est toi ? s'exclama Joseph. Le fils de Lucien !

Il l'entourait déjà de ses bras, le serrant avec chaleur contre lui, puis l'écartant pour mieux le voir. Il le fit asseoir avant toute chose.

– La dernière fois que je t'ai vu, tu étais à peine un petit jeune homme. C'était juste avant la mort de ton père, il avait voulu que je vienne le voir...

Sous le coup de l'émotion, Joseph se tut un instant, et Pierrot lui **sut gré** de ce silence, de sa tristesse qui répondait à la sienne.

Savoir gré : se montrer reconnaissant.

– Sacré Lucien, il ne pouvait pas vivre avec nous ! Il lui fallait la liberté à tout prix. Même une femme, il n'en voulait pas. C'est pour ça qu'il s'est marié si tard. Tu es plus jeune que mon Ti'Samuel, alors que Lucien avait des années de plus que moi. Mais je parle, je parle. À ton tour, raconte un peu. Que deviens-tu, toi ? Au fait, la plupart des marrons sont descendus des mornes, après la fin de l'esclavage, pas toi ? s'étonna l'oncle.

– Mais si, rétorqua Pierrot. On n'avait plus rien à craindre, tout le pays était libre, pas seulement les mornes ! C'est vrai que j'aurais dû venir vous voir, Ti'Samuel et toi. Mais j'avais ma mère en charge, alors on a plutôt rejoint ceux de sa famille, dans la plaine.

– Je comprends. Et tu as trouvé facilement du travail ?

– Au début, oui. Et puis les années passant…

– C'est-à-dire ?

– Ça ne va plus du tout. Quand on trouve du travail sur une plantation ou dans une distillerie, on gagne à peine de quoi vivre. Alors, autant ne pas travailler !

– Quelle idée ! Enfin, si c'est ce que tu penses…

– Oui, mais on n'a pas le droit ! Je me suis fait arrêter tout à l'heure parce que je n'avais pas de **livret** !

Livret : carnet rendu obligatoire en 1852, sur lequel les ouvriers agricoles faisaient inscrire leurs périodes de travail.

– Et alors ? s'inquiéta Joseph, en fronçant le sourcil.

– Alors, ils voulaient m'emmener en prison, comme vagabond ! J'ai réussi à leur échapper, et à venir ici.

Joseph, cette fois, éclata de rire :

– Tu es bien le fils de ton père ! Et où vas-tu aller ?

– Puisque l'esclavage revient, je retourne dans les mornes !

– Mais ce n'est pas l'esclavage ! C'est qu'il n'y a plus de République en France, c'est l'**Empire**. C'est pour ça qu'il n'y a plus de liberté !

Empire : le second Empire, qui vit Napoléon III régner sur la France, de 1851 à 1870.

– Sauf pour les Blancs et pour les riches ! Je m'en vais, je te dis. Jamais faire confiance aux Blancs : c'était la leçon de mon père, et il avait raison...

« *Liberté, Égalité, Fraternité...,* songeait Joseph. Quelle belle devise pour la République ! Reviendra-t-elle en France ? Je ne serai peut-être plus vivant ce jour-là, mais mes petits-enfants le verront, j'en suis sûr. »

Joseph avait raison : il était mort depuis longtemps, et Ti'Samuel était lui-même bien vieux, quand la France redevint une République et reprit la fameuse devise *Liberté, Égalité, Fraternité*. Mais il restait bien du chemin à parcourir, des obstacles à renverser, des luttes à mener, pour en faire une réalité...

LES CONSÉQUENCES DE LA TRAITE et de l'esclavage ont mis très longtemps à s'effacer. Ainsi certains Blancs, européens ou américains, ont continué à considérer les Noirs comme des êtres au mieux différents, au pire inférieurs. Cette pensée raciste a justifié les pires discriminations et la ségrégation.

Un crime contre l'humanité
Le 10 mai 2001, la France a reconnu que l'esclavage et la traite avaient été des crimes contre l'humanité.

Village africain reconstitué à Strasbourg en 1870

« *Liberté, Égalité, Fraternité*... Il restait bien du chemin à parcourir pour faire de cette devise une réalité. »

Les expositions coloniales
Organisées en France au début du XXe siècle, elles présentaient l'Afrique comme une société primitive.

Le colonialisme
Lorsque les Européens ont pris le contrôle de toute l'Afrique à la fin du XIXe siècle, ils ont justifié leurs conquêtes, les colonies, par la nécessité de « civiliser les sauvages » et même de mettre fin à l'esclavage !

Une image du racisme
Une des formes du racisme est de considérer les Noirs comme des enfants (ainsi que le montre cette publicité du début du XXe siècle) et les Blancs comme des parents qui doivent éduquer ces enfants qui ne pensent qu'à s'amuser.

Le Ku Klux Klan
C'est une société secrète raciste née dans le sud des États-Unis après la guerre de Sécession, en 1867. Son but est de terroriser les Noirs et de les empêcher d'exercer leurs droits.

Réunion de membres du Ku Klux Klan

La ségrégation
À partir des années 1880, un système de ségrégation s'est mis en place aux États-Unis. Noirs et Blancs séparés avaient chacun leurs écoles, leurs églises, leurs restaurants… Là où ils pouvaient se côtoyer, tout était fait pour qu'ils ne partagent rien.

En 1950, dans l'État américain de Caroline du Nord, un lavabo est réservé aux Noirs (« colored » en anglais), l'autre, aux Blancs (« white »).

La fin de la ségrégation
La ségrégation aux États-Unis ne disparut que très progressivement. D'abord dans l'armée en 1948, puis dans la société civile dans les années 1960 et 1970, sous la pression de l'État fédéral et d'un puissant mouvement de protestation.

Martin Luther King
Ce pasteur noir américain, né en 1929 dans le sud des États-Unis, prit la tête d'un mouvement non-violent réclamant la fin de la ségrégation raciale. Prix Nobel de la paix en 1964, il fut assassiné en 1968.

L'anniversaire de la naissance de Martin Luther King est célébré tous les ans aux États-Unis le troisième lundi de janvier.

De l'histoire au roman

Témoignages et documents

Qui s'intéresse à la capture des Africains et à leur traversée de l'Atlantique se heurte à une difficulté majeure : l'absence de témoignages des intéressés – ils n'ont guère eu la possibilité d'écrire ! Seuls, les récits de rares voyageurs européens, quelques vestiges matériels (les fourches qui emprisonnent les captifs, le plan de bateaux négriers, par exemple) et les livres de comptes des marchands permettent de reconstituer ces épisodes et l'organisation de la traite. Quant à la vie des esclaves sur les plantations ou en ville, elle nous est connue à travers les lettres de colons, les listes de biens cédés en héritage, ...
Ce n'est que tardivement, à partir du XIXe siècle, que certains esclaves ou affranchis, instruits, ont écrit le récit de leur vie : l'ancien esclave américain Frederick Douglass, par exemple, un ardent militant de la cause abolitionniste, publia son autobiographie en 1845. Il s'agit à cette époque de témoigner pour faire avancer la cause de l'abolition. C'est souvent le même objectif que poursuivent par leurs récits romanciers et philosophes.

Harriet Beecher-Stowe (1811-1896)
La romancière appartient à une famille de fervents abolitionnistes du Nord des États-Unis. Elle a écrit *La Case de l'Oncle Tom* loin des terres esclavagistes du Sud qu'elle a cependant visitées. Son roman fut le premier à dépasser le million d'exemplaires aux États-Unis.

Récits et plaidoyers

Le sort des esclaves n'intéresse guère les auteurs européens avant le XVIIIe siècle. Montesquieu, Voltaire (*Candide*, 1759),

l'abbé Grégoire sont parmi les premiers à condamner dans leurs œuvres le principe de l'esclavage.
Au siècle suivant, Victor Hugo en fait un des thèmes de son deuxième roman, *Bug-Jargal* (1826).
C'est des États-Unis que vient LE roman sur et contre l'esclavage : *La case de l'Oncle Tom* (1852) de Harriet Beecher-Stowe. Son succès renforcera considérablement le mouvement abolitionniste aux États-Unis et dans le monde entier.

Patrick Chamoiseau (né en 1953), auteur avec Jean Bernabé et Raphaël Confiant de l'*Éloge de la créolité *(1989)

Parti pris de l'auteur

Notre but a été de raconter un double voyage : dans l'espace, de l'Afrique à l'Amérique, et dans le temps, de l'esclavage à son abolition. D'où la nécessité de suivre plusieurs générations. L'histoire de l'esclavage est aussi douloureuse que révoltante. Pour mieux en rendre compte, nous avons choisi d'adopter le point de vue de ceux qui en avaient souffert.
Entreprise hasardeuse, puisque, on l'a vu, les témoignages des esclaves eux-mêmes sont rares. Ainsi, pour respecter au mieux les données historiques, nous avons consulté les ouvrages de nombreux spécialistes. Mais pour imaginer l'atmosphère de notre récit, les sentiments et les réactions de nos personnages, nous nous sommes inspirés de romans documentés tels *La mulâtresse Solitude* d'André Schwartz-Bart (1967), *Ségou* de Maryse Condé (1984-85), *L'esclave vieil homme et le molosse* de Patrick Chamoiseau (1997), et du témoignage bouleversant de Frederick Douglass (1845).

La mémoire de l'esclavage
À partir du XXe siècle, les écrivains antillais (Aimé Césaire, Frantz Fanon, Édouard Glissant, Maryse Condé, Raphaël Confiant, Patrick Chamoiseau...) n'ont pas fini d'explorer cette douloureuse source d'inspiration et de réflexion. Pour la plupart d'entre eux, le souvenir de l'esclavage ancestral est une composante majeure de l'identité antillaise ou « créolité ».

CRÉDITS PHOTOGRAPHIQUES

h : haut b : bas
d : droite g : gauche
c : centre

20 *La ville de Bénin, capitale de l'ancien royaume du Bénin*, gravure d'après Dapper, Musée du quai Branly, Paris. © RMN.

21 c : arc Dogon, falaises de Bandiagara. © AKG/Werner Forman ; h : fleuve Niger, Mali. © Hoa Qui/ P. Bourseiller ; cd : zébus au point d'eau. © Photononstop/ Travert ; b : village mandingue du Mali. © Hoa Qui/Age/ B. Morandi.

32 *Vue du port de La Rochelle*, huile sur toile, J. Vernet, 1762, Musée de la marine, Paris. © RMN ; b : Perles de traite. Coll. de P. Ginioux. © P. Léger/Gallimard ; cb : Enseigne de négrier nantais, marbre, XVIIIe s., galerie Lefevre et fils, Paris. © Dagli Orti.

33 h : Sabre « d'abattis », marchandise de traite, signé Cassaignard à Nantes, Musée du château des ducs de Bretagne. Cliché de la ville de Nantes ; b : *Le fort de Gorée*, gravure XVIIIe s., Musée des arts d'Afrique et d'Océanie, Paris. © Bridgeman Giraudon.

44 g : *Révolte à bord*, gravure, Bibliothèque nationale de France ; b : *Vue en coupe d'un bateau négrier*, aquarelle, J.-H. Bernardin de Saint-Pierre, XVIIIe s., Bibliothèque de l'Arsenal, Paris. © Bridgeman Giraudon.

45 h : *Danse de nègres à bord*, gravure. Archives Gallimard ; c : *Plan d'un bateau négrier*, gravure XVIIIe s., Musée des arts d'Afrique et d'Océanie, Paris. © Bridgeman Giraudon ; b : Fers d'esclave, XIXe s. © Bridgeman Giraudon.

56 g : *Récolte de la canne à sucre à Cuba*, gravure sur bois XIXe s. © AKG ; c : Terre à canne, ill. N. Wintz © Nouveaux Loisirs.

57 h : *Esclaves fabriquant le sucre à la Guadeloupe*, aquarelle in *Nouveau traité de la canne à sucre* par Th. Hapel de Lachenaie, 1807, Académie des sciences, Paris. © Bridgeman Giraudon ; c : *Distillerie de rhum à Antigua*, 1823, gravure, W. Clark, British Library, Londres. © Bridgeman Giraudon ; bd : Pain de sucre. © Hoa Qui/ C. Tréale/J.-M.Ruiz.

66 c : *Couple de Blancs servi par des Noirs*, lithographie in *Voyage pittoresque et historique au Brésil*, 1839, J.-B. Debret, Bibliothèque nationale de France, Paris. © Bridgeman Giraudon ; b : *La place Lafayette à La Nouvelle-Orléans en Louisiane*, gravure v. 1850. © Rue des Archives/Granger Collection.

67 hd : Intérieur du musée d'architecture coloniale, Cuba. © Hoa Qui/ M. Renaudeau ; c : Maison coloniale Zevallos à la Guadeloupe. © Hoa Qui/ Valentin C&E ; bd : Maisons d'esclaves en Floride, gravure v. 1878. © Corbis/Betteman.

76 g : *Punition d'esclaves, la prison*, in *Voyage pittoresque et historique au Brésil*, 1839, J.-B. Debret, Bibliothèque nationale de France, Paris. © Bridgeman Giraudon ; c : *Esclaves punies*, gravure XVIIIe s., Musée du quai Branly, Paris. © RMN/ J.G. Berizzi.

77 hg : *Les esclaves portent le collier de fer*, in *Voyage pittoresque et historique au Brésil*, 1839, J.-B. Debret, Bibliothèque nationale de France, Paris. © Bridgeman Giraudon ; hd : *Châtiment, le fouet*, gravure in *Plan de l'habitation du domaine de Charles B. Fevret de Saint-Mesmin*, Saint-Domingue, Musée de la coopération, Blérancourt. © RMN/ G. Blot ; bd : *Le marronnage*, gravure, Bibliothèque nationale de France, Paris.

88 g : *Bateau négrier capturé par H.S.M.* Osprey *en 1885*, aquarelle anonyme. © Bridgeman Giraudon ; c : *Toussaint-Louverture, chef de l'insurrection de Saint-Domingue*, gravure, Bibliothèque nationale de France, Paris. © RMN/Bulloz.

89 h : *La révolte des nègres à Saint-Domingue le 16 septembre 1802*, gravure, Bibliothèque nationale de France, Paris ; c : *Wilberforce à 29 ans*, huile sur toile, J. Rising, Wilberforce House, Hull city museums and art galleries. © Bridgeman Giraudon ; bd : *Moi libre, abolition de l'esclavage*, gravure, XVIIIes., Bibliothèque des arts décoratifs, Paris. © RMN/Bulloz.

100 g : *Portrait de Bissette*, gravure, Bibliothèque nationale de France, Paris. Archives Gallimard ; c : *Alexandre Davy de la Pailleterie Dumas*, huile sur toile, O. Pichat, Musée Alexandre Dumas, Villers-Cotterêts. © AKG/B. Arrigoni.

101 c : Statuettes vaudou, culture Fon du Bénin, Ben Heller collection, New York. © AKG/ W. Forman ; h : Orchestre noir, carte postale colorisée, 1893. © AKG ; b : *Bamboula aux Antilles*, huile sur toile, L.-H. Gamain, XIXes., Musée du Nouveau Monde, La Rochelle. © Dagli Orti.

112 g : *Bataille de Gettysburgh*, gravure 1863, C. P. Sainton. © Bridgeman Giraudon ; cb : Frederick Douglass, photographie non datée. © Sipa /AP.

113 bg : *Soldats de l'Union retirant leurs chaînes aux esclaves, Caroline du Sud*. © Corbis/Betteman ; bd : *L'heure de l'émancipation*, huile sur toile, 1863, W. Tolman Carlton. © Bridgeman Giraudon ; h : *L'abolition de l'esclavage dans les colonies françaises*, huile sur toile, F. Biard, Musées de Versailles Trianon. © RMN/ G. Blot.

122 h : Village africain reconstitué à Strasbourg, 1870. © Roger Viollet ; b : publicité Banania. © Leemage.

123 h : Assemblée du Ku Klux Klan en Géorgie, 1954. © Corbis/ Betteman ; c : Caroline du Nord, fontaines à eau. © Magnum/ E. Erwitt ; b : Martin Luther King, le 1er mai 1961. © Gettyimages/ P. Schuster.

124 H. Beecher-Stowe. © Corbis/ Hulton-Deutsch Collection.

125 P. Chamoiseau. © Gallimard/ J. Sassier.

Bibliographie

H. Beecher-Stowe, *La case de l'oncle Tom*, Gallimard-Jeunesse, 1998.

G. Dhôtel, *Esclavage ancien et moderne*, Essentiels Junior, Milan, 2004.

G. Hoffman, D. Joly, *Au temps de la traite des Noirs*, Casterman, 2002.

J. Meyer, *Esclaves et négriers*, Découvertes Gallimard, 2003.

B. Solet, *Les révoltés de Saint-Domingue*, Castor Poche, J'ai lu, 1999.

Sites internet

Esclavage

noe-education.org/D12A.php3

www.ac-nancy-metz.fr/cinemav/escla/ei23.htm

les.traitesnegrieres.free.fr/

Martinique

www.esclavage-martinique.com/

Remerciements

L'auteur tient à remercier Yvette Nadeau, Marie-Calixte Zinsou, Patrice Nuissier et Christelle Boston pour leurs précieux renseignements.

Sur les traces

Direction éditoriale : Françoise Favez
Direction artistique : Élisabeth Cohat

Sur les traces des esclaves

Graphisme : Laure Massin, Christine Régnier
Édition : Françoise Favez
Iconographie : Nathalie Lasserre
Carte : Fernand Mognetti

DANS LA MÊME COLLECTION :

Sur les traces de...

Moïse - dieux d'Égypte - Ulysse - fondateurs de Rome - Alexandre le Grand - Jules César - Jésus - Aladdin - Vikings - roi Arthur - Marco Polo - Jeanne d'Arc - Christophe Colomb - Léonard de Vinci - pirates - Cléopâtre - Napoléon - Darwin - Arabes et islam - dieux grecs - esclaves - Bouddha - Louis XIV - explorateurs du XVIIIe siècle